李帮权 编著

# 大学生创新创业基础

四川大学出版社
SICHUAN UNIVERSITY PRESS

**图书在版编目（CIP）数据**

大学生创新创业基础 / 李帮权编著 . -- 成都 : 四
川大学出版社，2024.11
　　ISBN 978-7-5690-6883-2

　　Ⅰ . ①大… Ⅱ . ①李… Ⅲ . ①大学生－创业－高等学
校－教材 Ⅳ . ① G647.38

中国国家版本馆 CIP 数据核字（2024）第 092049 号

书　　　名：大学生创新创业基础
　　　　　　Daxuesheng Chuangxin Chuangye Jichu
编　　　著：李帮权
--------------------------------------------------
选题策划：孙明丽
责任编辑：孙明丽
责任校对：吴连英
装帧设计：裴菊红
责任印制：李金兰
--------------------------------------------------
出版发行：四川大学出版社有限责任公司
　　　　　地址：成都市一环路南一段 24 号（610065）
　　　　　电话：（028）85408311（发行部）、85400276（总编室）
　　　　　电子邮箱：scupress@vip.163.com
　　　　　网址：https://press.scu.edu.cn
印前制作：四川胜翔数码印务设计有限公司
印刷装订：四川省平轩印务有限公司
--------------------------------------------------
成品尺寸：185 mm×260 mm
印　　张：11.25
字　　数：273 千字
--------------------------------------------------
版　　次：2024 年 11 月 第 1 版
印　　次：2024 年 11 月 第 1 次印刷
定　　价：60.00 元
--------------------------------------------------

扫码获取数字资源

四川大学出版社
微信公众号

# 目　录

# 绪　论

当今社会就业压力越来越大，对大学生进行职业生涯规划，引导大学生创新创业，并开展多形式的就业指导十分必要。从开展的内容来说，大学生在进入大学后就要接受职业生涯规划的教育，在校期间尽量寻找创业（实习或实训）机会，为毕业后走向社会、适应激烈的竞争环境奠定基础。由掌握思政教育、安全教育、人力资源开发及管理、就业等相关知识的辅导员在简历制作、就业心理、面试技巧和相关法律法规等方面对学生进行培训，将有效缓解大学生就业压力，有助于他们的成长、成才。

不同年级学生对待就业问题表现出不同的关注程度。大一学生进入大学不久，学校应侧重于创业意识的培养教育，并开展相关的准备工作；大二学生则可以初步开启创业活动，在老师的指导下参加互联网＋、挑战杯的各类比赛，在比赛中获得实践经验；大三学生开始进行创业实践，在校内及周边开展相应的创业活动，于他们而言，挣钱不是主要目的，获得创业经验才是；大四学生在创业之路上取得了一些成绩，此时他们的重点倾向于继续为创业奋斗，或找到一份理想的工作，这个选择对于即将毕业的学生来说尤为重要。

社会主义市场经济体制的不断完善使得我国的就业制度实现了市场化。从我国大学生就业选择的多样性以及目前面临的就业形势等方面来看，大学生能否就业、能否找到理想的职业等一系列问题成为他们当下最关注的问题。绝大多数学生在进入大学第一天就开始思考自己未来的就业问题。当然，大学生就业既受个人能力影响，也受外部环境影响。目前一部分大学生面对未来就业，可能会产生一些担忧，一方面是社会对人才的渴望，另一方面是大学生走向社会的种种不适应。面对这样的现状，大部分学生能做出较为正确的决策，在社会需求这一大背景下，这些学生从大一开始便非常注重自身社交、口才、写作才能的提高，在学好专业知识的同时，积极拓展自己的综合能力，如担任班干部、考级、培养特长、辅修其他专业、从事寒暑假兼职等。此外，小部分学生则感到迷茫，不知大学期间自己到底应该做什么、怎么做，甚至沉迷游戏，最终换来的仅仅是一纸文凭，进入社会后也极易出现诸多"不适应、不习惯"的情况。

《大学生创新创业基础》的出版就是为了让大学生在国家挑战杯竞赛的鼓励下，在各高校经费的支撑下，在老师的指导下，开启一次很有意义的创业实践活动，让大学生大胆地开启从"0"到"1"的创业历程。尽管在校期间的创业可能会"失败"，但这样的"失败"对于当代大学生来说非常必要，因为它有利于让大学生在进入社会后善于发掘创业机会，创业更谨慎，决策更科学，懂得创业的艰辛，懂得人生的不易，从而更加爱岗敬业。

本书在编写过程中得到四川护理职业学院田炼，四川师范大学邓维薇、王汀、曾瑜、李科、陈洁、李欢、卿川、张莹、廖妖、刘锦辉、李洪兵，海南大学冯春莹，石河子工程职业技术学院徐志刚等老师的指点，在此一并表示感谢！

# 一、本书体系

**课时安排参考**

| 章节 | 名称 | 课时 | |
|---|---|---|---|
| | | 理论 | 实践 |
| 绪论 | | 1 | \ |
| 第一章 | 创业人生 | 2 | \ |
| 第二章 | 创业者 | 2 | \ |
| 创业实践（一） | | \ | 4 |
| 第三章 | 创业团队 | 2 | \ |
| 第四章 | 创业机会 | 2 | \ |
| 创业实践（二） | | \ | 4 |
| 第五章 | 商业模式 | 2 | \ |
| 第六章 | 创业资源 | 4 | \ |
| 第七章 | 创业融资 | 4 | \ |
| 创业实践（三） | | \ | 4 |
| 第八章 | 创业计划书 | 4 | \ |
| 第九章 | 创立企业 | 2 | \ |
| 检验创业成果 | | \ | 6 |
| 第十章 | 创业风险 | 2 | \ |
| 第十一章 | 创业心理 | 2 | \ |
| 第十二章 | 创业法律法务 | 2 | \ |
| \ | \ | 31 | 18 |

关于创业实践这个环节，任课教师可结合班级实际情况，在校内、校外开展创业市场调研、模拟创业、市场分析、资源汇总等实践性活动。

# 二、课堂形式

1. 分组

对该课堂的学生进行分组，一般按 5~7 人/组进行划分。

分组完成后，由各组选出组长。

每次上课前，组长负责在教室入口处欢迎组员，同时清点本小组人员。

2．授课

根据学校教学安排，两节课为一次课程，可据此划分为：一节课试讲＋一节课练习。

授课过程按照案例分享、经验交流、小组讨论、创业实践相结合进行。

| 序号 | 授课内容 | 时间（单位：分钟） |
|---|---|---|
| 1 | 新闻新鲜事 | 10 |
| 2 | 回顾上次课程内容 | 10 |
| 3 | 本周知识点讲解 | 30 |
| 4 | 学生讨论 | 30 |
| 5 | 教师点评 | 10 |
| \ | \ | 90 |

针对各高校的实际情况，教师在"新闻新鲜事"这个板块可结合国情、社情、校情及自身的实际情况进行组合。

## 三、考核方式

| 考核内容 | 考核方法 | 成绩比例 |
|---|---|---|
| 学生课堂表现 | 教学过程中的参与及出勤 | 20％ |
| 市场调研 | 针对项目开展调研 | 20％ |
| 项目书 | 写作规范 | 20％ |
| 路演 | 礼仪、演讲 | 20％ |
| 创业实践 | 实践积极性及成果 | 20％ |
| \ | \ | 100％ |

# 第一章　创业人生

## 概　述

　　创业不拘泥于当前的资源约束，它是寻求机会进行价值创造的行为过程。创业者绝大多数是白手起家的，在创业初期他们都会面临无产品、市场有限、资金回笼困难等问题。在这个信息爆炸的时代，互联网让一切变得触手可及，我们要善于利用互联网带来的各类信息，顺势搭上快速发展的互联网快车，不断开启新的创业模式。

　　创业谈何容易，很多人的创业一直停留在大脑的设想层面。我们很想为自己的人生来一次创业之旅，但苦于找不到项目、找不到资金、找不到合作伙伴等。其实静下心来想一想，可以开展创业的机会很多，它或许是一个实验室的新发明走向市场，或许是自己的手工艺品大卖，或许是原本市场中的某一经营理念在自己的积极实践中取得进步，又或许是自己的突发联想提高了试验效率、提供了新思路等，而这些都是一种创业。

　　想要发掘适合自己的创业机会，我们可通过本章创业、创新、互联网时代创业来进行讲解。

### 【课堂设计】

| 序号 | 授课内容 | 展示方式 | 时间（单位：分钟） |
|---|---|---|---|
| 1 | 新闻新鲜事 | 根据最近时事讲解 | 5 |
| 2 | 回顾上次课程内容 | 教师、学生讲解 | 5 |
| 3 | 第一节　创业 | 讲授 | 15 |
| 4 | 第二节　创新 | 讲授 | 20 |
| 5 | 休息 | \ | 5 |
| 6 | 第三节　互联网时代创业 | 讲授 | 20 |
| 7 | 视频观看 | 播放视频 | 10 |

| 序号 | 授课内容 | 展示方式 | 时间（单位：分钟） |
|---|---|---|---|
| 8 | 本章总结 | 讲解、讨论 | 5 |
| 9 | 教师点评 | 讲授 | 5 |
| \ | \ | \ | 90 |

**【活动筋骨】**

手操：虎口平击 32 次。

说明：打击大肠经/合谷穴。

主治：预防及治疗颜面部位的疾病，如视力模糊、鼻炎、口齿疼痛、头痛；预防感冒。

**【创业茶歇】**

### 寝室"零食箱"

某一次的寝室走访，我看到每个寝室都有一个矿泉水箱子，里面摆放着两盒方便面、两根火腿肠、两瓶水、两袋豆干等物品，每一件商品上面都贴有价格标签。有的寝室纸箱里有钱，有的寝室纸箱里没有钱。

经过一圈调查走访，我找到这些纸箱子的最终主人，原来是我的学生小张。小张自筹资金 2 万元，做了一个创业项目——"零食箱"，也就是在每个寝室设立"零食箱"。放置的范围就是班级寝室，大家需要的时候自取，然后把相应的钱放进纸箱即可。

小张的这个创业项目每月可带来毛利润 1 万余元，但受校园禁止从事未经批准的商业活动等客观因素的影响，他的创业项目并没有持续多长时间。不过后来，我了解到小张的创业并没有受此影响，他在外注册了公司，开启了更大规模的校外创业实践活动。

**【讨论】**

华为高薪纳才，年薪超过 200 万，应聘成功者是如何做到的？

# 第一节　创　业

创业对于当下的每一个人来说都已不再陌生：幼儿园里老师会组织"玩具拍卖会"或是"玩具交易市场"，让小朋友们通过玩具的买卖学会标价、砍价，最终达成交易；大学里，互联网＋、挑战杯等各类创业活动的举办，在丰富了大学生活的同时，也让很多大学生学会了创业；大学毕业季，学校考虑到同学们即将离开校园走向社会，在校期间所用的书籍、物品丢了可惜，便划定一块地方作为"旧物交易市场"，让同学们将自己的物品集中到这里进行销售，让旧物得到循环。创业，对于还处于学生时代的同学们来说其实无处不在。

## 一、创业

创业是指创办事业，它是不拘泥于当前的资源约束、寻求机会进行价值创造的行为过程。创业是新理论、新技术、新知识、新制度形成现实生产力的转化器，新创立的企业要想在激烈的市场竞争中立足，就必须具备超前的思维理念、先进的生产技术、科学的技术手段和高效的工作团队。

1. 创业需要突破资源难关

创业者的创业活动在创业初期大都会面临无产品、市场有限、资金回笼困难等资源性问题。因此，创业者需要通过抓住符合市场的核心技术、创新商业模式等方式方法对现有资源进行分析、整合、提升，使自己的创业计划（项目）符合预期，进而产生经济效益。

2. 创业需要合适的机会

创业者在创业前要努力识别有利于创业的商业机会，调动自身可利用的资源进行创业。

3. 创业需要进行价值创造

创业应伴随新价值的产生，新价值体现在产品或服务中，通常呈现为商业价值和社会价值。

## 二、创业功能

创业功能具体表现在对资源的合理配置、激发市场活力等方面，存在于个人、社会和国家三个层面。

1. 个人层面

创业个人层面具体体现在个人价值的获得、人生目标的实现上。当今大学生结合自身所学的专业知识，在深入调研的基础上开启创业之旅，是将自己的理想变成现实的有效途径。

2. 社会层面

创业社会层面是指创业者为了企业发展而联系相应的资源，对资源进行整合、配置的一种形式。在企业的不同阶段，产品研发、发展规模、人力分配、资金投入等方面都需要社会层面的支持。

3. 国家层面

创业有利于缓解国家的就业压力，有利于提升行业的竞争力，有利于保持市场的主体活力，有利于资金流动，有利于资源的合理配置等。创业能促进国家调整和引导创业政策，合理配置资金并给予资源支持。

创业规模的大小直接决定着社会效益的发展状况，毕竟新技术、新工艺、新方法能催生创业的内在动力，提升国家的创新能力、科研实力和综合国力。

【延伸阅读】

**如何理解国家的"专精特新"企业发展战略**

（1）"专精特新"是什么？

①"专"是指采用专项技术或工艺、通过专业化生产制造的专用性强、专业特点明显、市场专业性强的产品。其主要特征是产品用途的专门性、生产工艺的专业性、技术的专有性和产品在细分市场中具有专业化发展优势。

②"精"是指采用先进实用的技术或工艺，按照精益求精的理念，建立精细高效的管理制度和流程，通过精细化管理，精心设计生产的精良产品。其主要特征包括产品的精致性、工艺技术的精湛性和企业的精细化管理。

③"特"是指采用独特的工艺、技术、配方或特殊原料研制生产的，具有地域特点或具有特殊功能的产品。其主要特征是产品或服务的特色化。

④"新"是指依靠自主创新、转化科技成果、联合创新或引进消化吸收再创新的方式研制生产的，具有自主知识产权的高新技术产品。其主要特征是产品（技术）的创新性、先进性，具有较高的技术含量、较高的附加值和显著的经济、社会效益。

（2）自身企业如何走上"专精特新"发展之路

①主动出击。主动融入大企业的技术、产品和协作配套体系，与大企业形成合理的市场分工，增强中小企业抗御风险的能力和适应经济形式的能力，加快商业创新和合作模式的创新，更好地拓展自身的发展空间，填补市场的空白。

②优化升级。中小企业在市场中不断实现产业组织结构优化升级，保持自身发展活力，走上"专精特新"发展之路，在规模经济行业大背景下形成大企业与中小企业协调发展、资源配置更富效率的产业组织结构。

③持续创新。发展"专精特新"中小企业，可以加快企业的结构改造，应用先进的技术，新工艺、新材料、新装备改造传统的产业，培养战略性的产业，加快技术和产品的升级换代，提高先进技术的比重和品牌的创造能力，支持高成长性企业和中小企业做大做强。

## 三、创业要素

### （一）创业要素的分类

创业要素包括创业机会、创业团队和创业资源。

1. 创业机会

创业机会是指创业者自身在具有一定的资金、技术等主观条件下，结合自身的观察能力抓住的有利于自己创造事业的一切机会。这里有一定的前置条件，那就是创业者的主观条件。

2. 创业团队

创业团队是指创业者在创办企业的过程中建立的比较稳定的队伍。当团队成员专业能力形成互补优势，且目标方向一致时，则团队较为持续。创业初期，可能没有创业团队，仅仅只有创业者一人，但创业者应该逐步打造一个特有的"智囊团"，为自己的创业添砖加瓦。

3. 创业资源

创业资源是指创业者在创办企业的过程中所需要的资金、技术、设备、场所、人力资源的总和。

**【延伸阅读】**

### 蒂蒙斯创业过程模型

蒂蒙斯创业过程模型指的是一种商业模型。创业者或创业团队必须在推进业务的过程中，在模糊和不确定的创业环境中具有创造性地捕捉商机、整合资源和构建战略、解决问题的能力，还要勤奋工作、具于牺牲精神。

蒂蒙斯创业过程模型要素：

（1）商业机会是创业过程的核心驱动力，创业者或创业团队是创业过程中的主导者，创业资源是创业成功的必要保证；

（2）创业过程是商业机会、创业者和创业资源三个要素匹配和平衡的结果；

（3）创业过程是一个连续不断地寻求平衡的行为组合。

总之，创业者既要找到创业的产品，也要进行有利于产品推广的活动，最终达到盈利的目的。

（摘自《认识创业》，作者：斯蒂芬·斯皮由利，罗伯特·亚当斯，译者：赵剑波，焦豪，王曦若等，机械工业出版社，2023年，有删改）

（二）创业要素的关系

创业机会、创业团队和创业资源之间存在着紧密联系。没有创业机会，创业活动便失去活动和发展方向，也就很难创造价值；存在创业机会，没有创业团队及相关创业资源，创业往往也是白费力气；只有创业团队，而没有相关创业资源及创业机会，创业也很难进行下去。

1. 分阶段侧重

创业机会是创业过程的重要因素，创业团队是整个创业过程中的核心因素，创业资源是创业成功与否的关键因素。按照先后顺序来讲，在创业初期，创业团队可优先于创业机会和创业资源。在创业过程中创业机会比起资金、人力等因素来讲更为重要，而创业上升阶段则需要更多资金、技术、人力等方面的创业资源注入。

## 2. 体现平衡性

创业过程是创业机会、创业团队和创业资源三个要素之间匹配和平衡的过程。创业团队需要规划创业项目，善于思考资源的配置，抓住稍纵即逝的创业机会，规避创业风险带来的挑战，并维持创业过程的平衡性。

对于创业初期的创业者而言，在主观能力不足和不确定的客观因素较多的情况下，要善于捕捉商机、整合资源、谋篇布局、分析困难和解决难题。

## 四、创业类型

创业类型可按不同标准进行分类。

### 1. 创业目的

按创业目的分类，创业可分为机会型创业和生存型创业。

机会型创业是指自身具备某一才能，且在客观条件支持的情况下而开启的创业。此类创业者多是已经有一项固定的工作，为了满足自身生存以外的某种需要，结合偶然的客观因素而开启的创业之路。例如，能带动某一领域发展的科技型创业，或因国家政策调整、意外获得资金支持等开启的创业。

生存型创业是指为了获得生存空间、满足基本生活所需而开启的创业。此类创业多为自主经营，从小作坊、小摊点等规模较小的创业项目开始。例如，失业人员临时买卖商品等。

### 2. 创业起点

按创业起点分类，创业可分为创建新企业和现有企业创业。

创建新企业是指创业者从无到有地创建全新企业的创业类型。此类创业充满艰辛，受场所、资金、技术、经验、人员、设备、资源、销售模式等因素的限制，将面临诸多困难。

现有企业创业是指现有企业根据生产、经营的需要，结合市场需求，基于现有人员，调整生产方式、工艺等开启新的商业活动的过程。此类企业有一定的经济、人员、物质等基础，创业过程往往会比较顺利。如 2020—2023 年，面临市场上口罩的巨大需求，某企业为了生产口罩，将其原用于生产汽车座椅的生产线临时调整为口罩生产线。

### 3. 创业者人数

按创业者人数分类，创业可分为独立创业和合伙创业。

独立创业是指以一人或经济尚未独立的一个家庭为创业主体开启的创业。此类创业充满艰辛，特别是新创企业，一人创业，全家都可能会参与进去，且多以小作坊、小餐馆等规模较小的组织为主，家庭成员分别承担采购、收银、操作等工作，随着规模的扩大可能会聘请一些人员协助相关工作。

合伙创业是指由多名经济独立的个体共同创办企业的创业类型。此类创业成分较为复杂，基于创业主体和资金的关系可分为出资出人、出资不出人、出人不出资、仅出技术等类型，而基于创业者的专业能力又可分为同一专业、不同专业等类型。

创业初期，多以个体互相承担相应工作内容为主，随着规模的扩大会聘请相关人员分担执行类工作。

### 4. 创新内容

按创新内容分类，创业可分为新产品创新创业、销售模式创新创业和组织管理创新创业。

新产品创新创业是指基于科研人员的科研成果或非科研人员获取新技术、新工艺、新流程后开启的创业。此类创业人员具有特殊性，要么是从事某项研究的科研人员，要么是能够通过一定渠道获取新成果的人员。此类创业一定是基于技术创新的，如健康理疗的新方法、可折叠便携式跑步机等。

销售模式创新创业是指通过采取某种全新的销售方法，降低了物流成本，减少了中间环节，给消费者带来更好的体验的创业类型，如无接触商品配送等。

组织管理创新创业是指通过采取有别于同行业、同地区企业的组织管理体系，来减少人员支出，降低产品成本，提高市场竞争力的创业类型，如企业社保改制，企业和员工一起缴纳社保，共同分担退休人员的养老问题。

## 五、创业阶段

创业阶段可分为寻找机会、整合资源、创办企业、生存考验四个阶段。

### 1. 寻找机会

寻找机会是指创业者抓住的一切有利于自己创造事业的机会。它基于创业者主观意志，并诞生于客观条件来临之际。

### 2. 资源整合

资源整合是指创业者利用手中的一切资源进行分类、整合的能力。每个人身边都有许多可用的资源，而创业成功的关键就在于我们是否善于去发现、抓住、利用这些资源。

### 3. 创办企业

创办企业是指创业者创立了能产生经济效益及社会效益的企业。创业者取得相关资质后，方可从事经营活动。

### 4. 生存考验

生存考验是指创业者创办的企业能否适应社会需求，并带来稳定的、持续的经济、社会效益。生存考验在企业发展过程中极为重要，不可为一时之利而忘却了法律的约束。

**【创业茶歇】**

### 寻找创业项目

设想一下：自己周围有没有可以开展创业的项目并进行分析。

# 第二节　创　新

## 一、创新人才的素质要求

（一）创新的概念

创新是指抛开旧的，创造新的；也指创造性，新意。在"大众创业、万众创新"的今天，不管是国家发布支持政策、政府设立孵化园，还是学校建立创新基地，都在鼓励大学生积极开展创新、创业的活动。

【延伸阅读】

### 大众创业、万众创新

"大众创业、万众创新"出自 2014 年 9 月夏季达沃斯论坛上李克强总理的讲话，李克强提出，要在 960 万平方公里土地上掀起"大众创业""草根创业"的新浪潮，形成"万众创新""人人创新"的新势态。

此后，他在首届世界互联网大会、国务院常务会议等活动中频频阐释这一关键词。每到一地考察，他几乎都要与当地年轻的"创客"会面，并希望以此激发民族的创业精神和创新意识。

2018 年 9 月 18 日，国务院下发《关于推动创新创业高质量发展打造"双创"升级版的意见》。2018 年 12 月 20 日，"双创"当选为 2018 年度经济类十大流行语。

（来源：百度百科，有删改）

（二）创新人才的素质要求

1. 具备创新品质

提升工作品质，必须以观念创新为先导，以方法创新为突破，以标准创新为保障，以成果创新为目标。

当前，我国面临百年未有之大变局，实现"大众创业、万众创新"，将为建设创新型国家、国家创新体系和全面建设小康社会提供坚强的人才保证和智力保障。

因此，培养人才成为发展创新的前提条件，人才的重要性体现在扎实的理论基础、丰富的专业知识和敢于实践的动手能力等方面。

2. 具备创新意志

创新意志是创新人才的重要特质。创新是对未知领域积极探索和对已知领域破旧立新的过程，充满了各种风险和挑战。因此，只有在自己从事的领域持之以恒地开展研究，在困难的道路上不被失败吓倒，在平凡的岗位上坚持不懈，不达目的不罢休、不气馁、不放弃，才能在困难面前展示自己的意志力，才能实现自己的理想。

### 3. 具备创新观察能力

人类伟大历史进程中的科学发明和技术突破，无一不是创新的结果。因此，在创新的过程中要善于观察周围的一切事物，让自己具备敏锐的观察力、深刻的洞察力，同时还要具备基本的专业知识，将自己的观察融入现有的知识体系中去，发现事物间的内在联系。

### 4. 知识创新

知识创新就是对已有的知识体系进行完善、更新和发展。在人类知识越来越丰富和深奥的今天，创新型人才除了要精通本专业的知识以外，还需要拓展相邻、相关学科的广度。只有在实践中不断建立自己的知识体系，在关键时刻才能发挥积极的作用。同时，建立完备的知识体系还要求创业者具备综合化、一体化意识，这有助于提高其综合思维能力和创新能力。

### 5. 实践创新

实践创新就是遵循科学性，并依据事物发展的客观规律进行探索的过程。任何一种创新都不可能一直停留在大脑里，我们需要将其付诸实践，并在实践中检验当初的设想是否科学、考虑的问题是否全面。创新实践要从实际出发，以科学的态度对待创新实践的每一步，不可跳跃式地实践，或抛弃最为基础的检验。

## 二、培养创新人才

### 1. 积累人脉

人脉资源可大致分为同学资源、亲戚资源、朋友资源和职业资源。

同学资源是指同学、同乡、战友等曾与你相处过一段时间的人脉资源。同学资源因其年龄相仿，在兴趣、爱好等方面容易找到共同点，还能在学习中不断深化彼此之间的感情，利害关系、利益关系冲突较少，纯洁度高。在日常生活中，同学关系往往是较为稳固的。

亲戚资源是姊妹、父辈、母辈等关系资源的总称。对于创业者来说，这是最容易获得，也最稳固的资源，特别是在创业资金支持、前期产品销售等方面，亲戚资源往往是最有助力的资源。

朋友资源是通过一定的社会关系而产生纽带的资源。创业难免要结交不同的人，能侃侃而谈的、能跑腿的，从事不同职业的人都可视为一种人脉资源，朋友越多，创业过程中遇到问题也就越容易解决。

职业资源是创业者工作时建立起来的各种资源。在没有再就业保密原则下，创业者选择的创业多从属于曾经工作的行业。创业之初，创业者应尽可能多地利用职业资源。

### 2. 经营信誉

信誉是指依附在人之间、单位之间和商品交易之间的一种相互信任的生产关系和社会关系。信誉促成了以上关系主体自觉自愿的反复交往，消费者甚至愿意付出更多的钱来延续这种关系。因此，每个创业者都要努力维护自己的信誉。

### 3. 学会理财

理财是指将现有资金投放在相应的金融产品中，并获取利息的过程。货币具有时间价值，今年的一元钱往往比明年的一元钱更值钱，在此意义上，早储蓄意味着早日得到货币时间价值，这样的日积月累会让曾经数目不大的钱变成一大笔钱。

### 4. 管理时间

时间对于每个人来说都是一样的，有的人忙忙碌碌觉得自己时间不够用，有的人却悠然自得地享受下午茶，这说明大家要科学管理时间。美国管理学家科维提出的"四象限"法就是一套比较科学的时间管理方法，他将所有的事情分为既紧急又重要、重要但不紧急、紧急但不重要、既不紧急也不重要四个方面，我们只需按照事情的类别，有序执行，便能科学地管理时间。

### 5. 落实细节

新创企业要发展、壮大，就必须加强对细节的管控。一个企业要善于激发员工的创新精神，形成人人参与创新、人人积极创新的局面，企业离不开员工在平凡岗位上的工作，所有的员工都创新，就会推动整个企业的创新，企业的发展便指日可待。

### 6. 确定目标

创业者在创业之初要拟定企业发展的目标，同时也要学会科学地管理目标，这样才能使企业少走弯路，从而走上发展的快车道。当然，目标的设立要分阶段、分大小，对应的时间应达到怎样的效果要有科学的规划。

【创业茶歇】

1. 俞敏洪老师谈大学生创业八大能力，我们在校期间应该如何培养呢？

目标能力

专业能力

营销能力

转化能力

社交能力

用人能力

把控能力

革新能力

2. 创业五问：

你的创业构想是什么？

你将从事什么行业？

怎么了解自己的行业？

能否长期从事本行业？

你的人际储备怎样？

# 第三节　互联网时代创业

在这个信息大爆炸的时代，互联网让世界变为地球村，面对快速发展、变化的世界，我们要善于掌握有关互联网发展的各类信息，搭上互联网这一时代快车，开启新的创业模式。

## 一、互联网经济

互联网经济是人类经济发展中的一种经济形态。人类现有的经济形态可分为农业经济、工业经济、知识经济和互联网经济。

农业经济，或称劳动经济，即经济发展主要取决于对劳动力资源的占有和配置。在这个经济形态中，人们主要依靠自然气候从事农业生产，手工业则通常作为补充。

瓜果蔬菜种植过程全透明，客户可随时在手机上实时观看生长情况，二维码还可追溯种子、化肥、土壤等信息；采取订单式交易，减少中间流通环节，前一天线上下单，第二天早上配送到客户所在小区等。

工业经济，或称资源经济，即经济发展主要取决于对自然资源的占有和配置。在这个经济形态中，煤炭、石油、天然气等不可再生资源制约着经济的发展。

知识经济，或称新经济，即经济发展主要取决于对知识和信息的占有和配置。这个经济形态也可称为后工业经济，主要依靠新技术研发出的新能源来取代不可再生资源。清洁能源如水能、风能、地热能、太阳能等新能源形式大面积使用，带来了发展的契机。

互联网经济，或称网上经济，即经济发展主要取决于对互联网的占有和配置。在这个经济形态中，各行各业要在互联网的支撑下才能得到发展。

互联网的高速发展使商品在互联网上的传播速度加快，诞生了无数就业岗位，激发了年轻一代在互联网上开启创业的热潮。

## 二、经济转型带来的创业热潮

互联网经济的高速发展催生了一大批从事互联网运营的企业，使各行各业都逐步融入进了互联网的圈子之中。

1. 扩大了创业人群

因网络、信息产业的持续扩大，人们获取信息的渠道更加多元化，知识、技术、资源能够为更多的人接触到，这就无疑增加了运用互联网平台开展创业的机会，任何行业的人都可参与到创业之中，也就扩大了创业面。

2. 丰富了创业活动

互联网的高速发展，以及 5G 的大面积推广，改变了人们对时间、空间、知识的传统理解，同时也改变了人们对需求、市场、管理、价值、财富等概念的基本认知，更加激发了创业者在本行业，甚至跨行业开展创业活动的热情。

3. 降低了创业门槛

互联网的全面推广，加之现阶段人们文化层次的提升，创业者在创业过程中所需的资金、技术、生产设备等资源都可通过互联网得以解决。只要具备创业的"心"，即便暂时没有创业机会，也可通过互联网获得信息和帮助。

互联网带来的创业热潮意味着知识经济上升到了一个新高度，需要创业者全面运用智慧、创意、创新、速度等核心竞争优势，才能形成创新创业的良好局面。

## 三、创业的功能属性

创业具有增加就业、促进创新、创造价值等功能，同时也是解决社会问题的有效途径之一。

1. 创业是社会就业的扩容器

创业可提供就业岗位，拉动内需，服务社会。创业需要政府引导、全民参与，并在全社会形成"人人参与创业、人人主动创业"的局面。创业能够发掘人才潜力，激发市场活力，解决更多人的就业问题，促进社会健康发展。

2. 创业是科技创新的加速器

创业可实现高校、研究院（所）科研成果的技术转化，使新发明、新产品、新服务不断涌现，创造出新的市场需求。同时，创业还可增强新成果的研究动力，为学校、企业的创新助力，推动经济持续增长。

3. 创业是经济发展的原动力

创业需要国家的政策支撑，需要全民的积极参与，更需要各行各业的人员在自己的本职工作中努力进取。虽然创业过程中有艰辛、困难，甚至是失败，但集体的创业是国家经济活力的体现，也是国家经济发展的内在原动力。

4. 创业是社会进步的推动器

创业的持续扩大对于促进国家政策调整、经济体制改革、市场体系繁荣和提高人民生活质量、促进社会和谐具有重要作用。创业人员的增多对于社会形成创新、拼搏意识和法治社会的建设具有积极的引领作用。

创业的功能属性不止于此，它还能促进人们对身边事物的关注、寻找创新创业的关键点，并有利于减少社会负面行为。

## 四、创业成功的关键

互联网时代虽然有很多创业机会，也有很多可利用的资源，但知识依然是一切创业活动的前提和保障，因为创业需要知识去更新原有的旧技术、旧设备和旧方法。

1. 持续创新，拥有自主技术

在全球化语境下，信息、技术、人才成为新创企业的关键因素，也成为新创企业能否在竞争激烈的市场环境中立足的核心因素。只有通过信息的获取、技术的把握、人才的储备，创业者才能在市场中占据绝对主导地位。

2. 技术引领，挖掘潜在需求

知识是社会变革的主宰，创业者一方面要了解知识的重要性，另一方面需要具备获取知识的能力，并研发新产品，拓宽新市场，只有不断摸索，找到潜在的客户群体，开发出适合此类群体的产品（服务），才能为自己带来经济效益。

3. 兼容并蓄，在质变中提升

知识经济时代存在知识体量大和淘汰速度快的特点，仅仅靠创业者自身去掌握海量的知识是很难的，因此创业者应积极开展创业合作，吸收同行乃至竞争者的优势，弥补自身的不足，将困难视为机遇，调整策略，把握方向，在变革中抓住机遇，迎难而上。

4. 放眼全球，扩大格局胸怀

互联网经济的快速发展，从资源来源到产品走向，都离不开全球经济一体化。创业者应将创业的眼光放长远，以全球视角开启自己的创业之旅，才能调动更优质的资源，节省更多资金，也为自己带来丰厚利润。

除以上对创业成功要素的分析，每一位创业者还要对自身的创业有一个清醒的认识，要遵守国家法律法规、政策条文，切不可做出违法的事情。

**【创业茶歇】**

1. 普通农业经济如何向现代农业经济转变？
2. 工业经济进入后工业时代了吗？

# 第二章　创业者

## 概　述

　　创业者是指在发现某种信息、资源、机会或掌握某种技术后，利用或借用相应的平台或载体，将其以一定的方式转化，创造出更多的财富、价值，并因此实现自身某种追求或目标的人。创业者素质是创业者在创业过程中所需要的知识、技能、经验和人格特质等主体要素的总和。

　　一名优秀的创业者，内心往往有永不枯竭的动力。大学生创业教育是学历教育、职业教育之后的一项重要内容。鼓励大学生在校期间学习先进经验、积极开展相关的创业活动，不仅可以增长他们的实践知识，还能促使他们提前进入社会进行各种历练。新时代的创业者不再是仅凭一双手、两只脚就能在激烈的市场环境中站稳脚跟，还需要具备一定的专业知识、操作技能、工作经验、相关能力和人格特质等。此外，他们更需要具备开拓创新、敏锐观察市场、把握市场机遇、诚信经营业务、敢于面对竞争等优秀品质。优秀的创业者往往都具备一些优秀品质，这些优秀品质的形成有其自身人格魅力的原因，但更多的是在长期艰苦奋斗的过程中逐步形成的。

**【课堂设计】**

| 序号 | 授课内容 | 展示方式 | 时间（单位：分钟） |
|---|---|---|---|
| 1 | 新闻新鲜事 | 根据最近时事讲解 | 5 |
| 2 | 回顾上次课程内容 | 教师、学生讲解 | 5 |
| 3 | 第一节　创业者 | 讲授 | 20 |
| 4 | 休息 | \ | 5 |
| 5 | 第二节　创业者素质 | 讲授 | 15 |
| 6 | 第三节　创业动机 | 讲授 | 20 |
| 7 | 视频观看 | 播放视频 | 10 |

| 序号 | 授课内容 | 展示方式 | 时间（单位：分钟） |
|---|---|---|---|
| 8 | 本章总结 | 讲解、讨论 | 5 |
| 9 | 教师点评 | 讲授 | 5 |
| \ | \ | \ | 90 |

【活动筋骨】

手操：左手和右手的中指指甲盖并拢，其他手指用力向上伸。

说明：没有时间限制，久坐后可起到舒缓的效果。

主治：有助于呼吸，减轻脊椎压力，舒缓情绪。

【创业茶歇】

如何理解：宁要一流的人才和二流的创意，也不要一流的创意和二流的人才。

【讨论】

大学生可以创业吗？我们学校对大学生创业的支持政策有哪些？请分别从学籍管理规定、创业比赛、资金支持等方面进行阐述。

# 第一节　创业者

## 一、创业者

（一）创业者的定义

创业者是指在发现某种信息、资源、机会或掌握某种技术后，利用或借用相应的平台或载体，将其发现的信息、资源、机会或掌握的技术，以一定的方式转化，创造出更多的财富、价值，并因此实现自身某种追求或目标的人。

创业者的定义分为狭义和广义两种：狭义的创业者是指参与创业活动的核心人员。广义的创业者是指参与创业活动的全部人员。简而言之，创业者是指开拓创新的人。

（二）成为创业者的条件

创业者应具备创新（发现新意）、眼见（机会识别）、人脉（资源整合）、胆识（执行能力）、经营管理（团队管理）这五项条件。

1. 创新

创业者需要具备创新能力。面对自己所学的专业知识，或是自己所从事的行业，创业者要善于提出新思路、新方法、新工艺。

2. 眼见

创业者往往善于在日常生活、学习、工作过程中捕捉新事物、新规律并加以深化，提出自己的新方案，以较小的付出产生较高的效率。

3. 人脉

创业者需要在资金、技术、市场等方面获取足够多的资源，让这些资源为自己的创业提供支撑，分解自身压力。

4. 胆识

创业者在已经获得资源的前提下，应对自己即将开启的创业的成功概率进行全方位分析，并敢于在稍纵即逝的机会面前下定决心。

5. 经营管理

创业过程并非一帆风顺，它不仅需要创业者有毅力、恒心，还需要创业团队朝着一个目标前进，而这些都得依靠创业者运用一定的经营管理理念和手段来引领团队。

【延伸阅读】

## 创业者七问

（1）创业者是天生的吗？

大量有关创业者心理和社会构成要素的研究得出结论：创业者在遗传上并非异于他人，没有人天生就是创业者，因此每个人都有成为创业者的潜质。

（2）创业者是赌徒吗？

成功的创业者和大多数人一样是适度的风险承担者。只不过成功的创业者会精心估算自己的预期风险，将风险种类进行划分，并明确何种风险可规避、何种风险可冲击等。

（3）创业者的驱动因素是什么？

追求高潜力企业的创业者是资本市场看好的群体，不将金钱视为唯一重要的回报才是创业的最初目的，发挥自身才能、把握自身命运才是创业者强有力的内在驱动因素。

（4）创业者喜欢单打独斗吗？

个人创立微小企业容易，但想要把企业做大、做强则需要一个优秀的团队。与其抢一块蛋糕，不如大家一起把蛋糕做大。

（5）创业者喜欢引人注目吗？

大多数创业者不太喜欢成为焦点，他们更倾向于潜心从事自己喜欢的科学研究、人文事务等工作。

（6）创业者压力大吗？

创业肯定有压力，也很辛苦，但是创业者如果对自己的创业成果较为满意，有成就感，就不容易被困难所击倒，更能持之以恒地做好创业工作。

（7）钱是创业中最重要的因素吗？

钱是创业过程中比较重要的条件，但不是唯一条件。

## 二、大学生创业者

大学生创业者的定义比较多，一种说法是指以在校大学生和毕业大学生为创业主体的创业者；另一种说法是指部分有理想、有胆识的大学生不通过传统的就业渠道谋取职业发展，而是为自己开辟一条择业新路，不做现有就业岗位的竞争者，而是主动参与社会竞争，利用自己的知识、才能和技术，以自筹资金、技术入股，寻求合作等方式创立新的企业，谋求成为为自己及更多的人创造就业机会的创业者。简而言之，大学生创业者是指在校期间或毕业后开启创业的人。

当今，大学毕业生将不仅仅是求职者，还能成为工作岗位的创造者。当前，大学生创业环境越来越宽松，政策利好越来越强，各级政府、各个高校对大学生创业给予了相当多的优惠政策，部分高校建立了创业孵化园，为大学生创业提供了条件。

### 【延伸阅读】

#### 一名大一学生的创业之路

小李进入大学第一天就开启了他的创业之旅。新生报到当天，小李就已经赚取了他在大学的第一桶金。

原来，小李在公寓楼门口看到很多新同学在家长的陪伴下，提着水桶、端着水盆、拿着凉席等生活用品往寝室走，便想到自己何不利用新生身份也去做一做这个生意呢。他首先对比了校内外几家商铺售卖的水桶、水盆、凉席、餐盒、毛巾、洗衣粉等生活用品的价格，并从中选取了一家校外的老板，与其谈了一个双方都能接受的中间价，然后在学生宿舍区"按套"推销生活用品。

一套生活用品，除去成本，小李能赚取 25 元。新生报到第一天，小李共卖出了 32 套，大学第一个月的生活费基本有了保障。

开启大学生活后，小李总是关注着身边同学们在衣食住行等方面的各类需求——周末电影票的推销、公寓楼下桶装水的搬运、四级考试词典的批发等，但凡有空余精力，他都会去尝试一下。

小李自信坦言，创业不仅解决了自己大学期间生活费的问题，还明确了自己未来的就业方向，让自己更加懂得了生活来之不易。

## 三、创业者的分类

按创业的目的来划分，创业者可分为谋生型创业者、投资型创业者、事业型创业者和经历型创业者。

### 1. 谋生型创业者

谋生型创业者一般是迫于生活的压力，为了让自己的生活条件有所改善才开启创业的创业者。此类创业者占我国创业总人数的 90% 以上，他们的共同特征是以少量资金起步，以贸易为主。

### 2. 投资型创业者

投资型创业者是为了获得更大的经济收益，在已经拥有一定经济实力的基础之上进行创业的创业者。此类创业者有创业的成功经验，善于发现身边的创业先机，同时对国家宏观调控政策非常关注，开启新创业项目的频率较高，所开启的创业项目之间可能关联度并不高。

### 3. 事业型创业者

事业型创业者是为了实现自己的人生梦想，或达成某一项人生目标而将创立企业作为此生事业的创业者。此类创业者的自我意识较强，愿意放弃比较稳定的工作而开启一段未知的创业之旅，不仅为了获取经济收益，还为了实现自我价值，以及得到社会的认同，他们不怕失败，甚至可能不断失败、不断创业。

### 4. 经历型创业者

经历型创业者是为了获得创业体验、经历及经验，或为了实现某种创业目标而开启创业的创业者。对这类创业者而言，获得创业收入并不是主要目的。他们往往是"为了创业而创业"，只要达到某种目的就停止创业，不图财、名、利。这类创业者在所有创业者中占比极少。

创业是为了追求未来的回报，创造出更大的价值，这种价值（收益）的体现有物质上的诉求，也有精神上的诉求。

**【创业茶歇】**

1. 怎样理解"理想和现实"之间的差距？还没有创业时，认为创业是激情四射的光芒时刻，待到开启创业后，才发现自己遇到的困难总是一茬接一茬，面对种种困难，我们还能坚持下去吗？

2. 在创新（发现新意）、眼见（机会识别）、人脉（资源整合）、胆识（执行能力）、经营管理（团队管理）等成功创业条件中，请说出一个你认为创业者最应该具备的品质，并说明原因。

# 第二节　创业者素质

创业者素质是创业者在创业过程中所需要的知识、技能、经验和人格特质等主体要素的总和。

## 一、知识和技能

创业者的知识和技能是开展创业活动的关键。

### （一）创业者需要掌握的知识

创业者需要掌握的知识是指开展创业活动所必须具备的相关知识储备，如经营一家面包房就需要创业者具备面粉、糖、牛油等相关原材料的品牌、种类等知识储备。

1. 行业知识

行业知识是开展相关创业活动的基础，包括前期扎实的专业学习以及事先了解相关产品的特性、基本功能等内容，便于创业者在创业过程中做出科学决策。

2. 法律知识

创业者需要具备一定的法律常识。创业过程中要遵纪守法，一切创业活动都要在国家法律允许的范围之内展开。

3. 市场知识

创业者在创业前期要深入市场进行调研，积极了解市场需求，分析自身产品（服务）在市场中的优劣势，消费者的认可度，并为产品打入市场做好预案。

4. 管理知识

创业者开展的创业活动，不管是家庭成员合作，还是雇佣人员协助，都应遵循"团队"运营的逻辑，要懂得因人而异的道理，合理开展工作分工。

### （二）创业者需要具备的能力

创业者的创业活动是自己能力的体现，任何一个创业者都是拥有多种能力的综合体。

1. 创新能力

创业者的创新能力不仅体现在对新事物的创造上，还体现在对现有方式、方法、理念的更新上。这种能力是提高创业效率的必备能力，也是为创业者带来利润的关键能力。

2. 学习能力

面对日新月异的科学技术、不断更新的管理理念、日趋激烈的市场竞争，创业者只有不断学习才能应对时代潮流的冲击，让自己的企业在激流中得以保全和发展。

3. 合作能力

创业者要善于发挥团队成员的优势来弥补自身的不足，还要懂得分析自己在创业过程中的优势、劣势，找到劣势的来源及弥补的方向，并与团队开展行之有效的合作，壮大自己的创业项目。

4. 经营能力

创业者的经营能力属于上层建筑的范畴，是创业成败的核心。创业者应积极开展现代科学知识学习，提升自身综合竞争力，并在实践中提升自己的经营能力。

5. 管理能力

创业者的管理能力属于上层建筑的范畴，对资金使用的管理、团队成员的分工、市场方向的把控等，无不体现着创业者的管理能力。

6. 分析能力

创业者要在项目选择、资金使用、人员安排等方面具备分析能力。分析能力的培养不仅需要雄厚的市场基础，还需要创业者勤于思考、善于学习等。

7. 决策能力

在机遇稍纵即逝的时代，创业者要具备遇事大胆、果断、科学、高效的决策能力。

8. 社交能力

创业者要善于与人沟通，具备能说会道、积极交往的能力。社会交往能力是发展事业、巩固人脉资源的重要保障，所以创业者日常需锻炼自身察言观色的本领。

并不是每个创业者天生就具备创业能力，面对自己的不足之处，要学会在日常生活、学习、工作中积极地补足，比如潜心研究某一企业，学习其管理方法、产品设计、市场销售等内容。

## 二、创业者素质

优秀的创业者往往都具备一些优秀素质，这些素质有由创业者自身的人格魅力生成的，也有在长期艰苦创业中形成的。

1. 诚信为本

诚实守信是所有创业者需要具备的一大优秀素质，也是做人的第一品质。任何商业活动都需要诚信，只有诚信才能让企业走得更加长远，因此，诚信往往是优秀企业家首要的经营法则。

2. 直觉敏锐

直觉是否敏锐是创业者能否抓住机会的关键。创业者需要具备敏锐的直觉，商业活动中，谁能创造条件，抓住机遇，谁就能准确投放市场，获得收益。

3. 把握机遇

机遇总是留给有准备的人，创业者往往会事先做准备工作，随时准备抓住稍纵即逝的机会，只有抓住机会才有可能获得经济收益。

4. 追求创新

创新是一个民族的灵魂，是企业发展的根本动力，创业活动就是一个不断创新的过程。创业者的创业过程就是追求创新的实践过程。

### 5. 敢于竞争

只有竞争，才能让社会前进、经济发展、人类进步。创业者的创业过程不仅是一个敢于竞争、勇于竞争的过程，也是一个不断挑战现有生产秩序、管理秩序的过程。

### 6. 个人信用

个人信用是基于信任或通过一定协议或契约提供给自然人及其家庭的信用，它可使接受信用的个人不用付现金即可获得产品（服务），包括个人信用交易、投资以及创业过程中的一切信用。具体来说，个人信用需要的是创业者或创业团队良好的交易、纳税、保险、通信记录，没有因不良信用而发生法律纠纷。

**【创业茶歇】**

1. 你认为自己很勇敢吗？"是"+1分，"否"-1分。
2. 你做学生时很出色吗？"是"+4分，"否"-4分。
3. 你在学校热衷于集体活动吗（如俱乐部活动、运动队活动、约异性看电影等）？"是"+1分，"否"-1分。
4. 你宁愿经常独处吗？"是"-1分，"否"+1分。
5. 孩提时，你送过报纸、卖过柠檬水或从事过其他小型经营活动吗？"是"+2分，"否"-2分。
6. 你曾是一个执着的孩子吗？"是"+1分，"否"-1分。
7. 你十分谨慎吗？"是"-4分，"否"+4分。如果你很爱冒险，另加4分。
8. 你担心别人怎么看你吗？"是"-1分，"否"+1分。
9. 你是否厌烦日复一日的单调生活？如果求新是你决定你的人生历程的一个重要动机，"是"+2分，"否"-2分。
10. 你会动用你所有的积蓄去涉足新的领域吗？这可能会让你的投资成为泡影，鉴于此，你仍会投资吗？"是"+2分，"否"-2分。
11. 如果你刚投资的事业失败了，你会立刻着手另一项投资吗？"是"+4分，"否"-4分。
12. 你是乐观主义者吗？"是"+2分，"否"-2分。

现在计算总得分：

如果你的得分在20分以上，则表明你具备较好的创业素质；

得分在0～19分之间，虽不理想，仍可努力；

得分在-10～0分之间，你以不独立创立自己的事业为宜；

低于-11分则表明你的才能可能体现在其他方面。

# 第三节 创业动机

## 一、创业动机的含义及其影响因素

### 1. 创业动机

创业动机是引起和维持个体从事创业活动,并使该活动朝向某些目标前进的内部动力,是鼓励和引导个体为实现创业成功而行动的内在力量。

### 2. 影响因素

创业动机的影响因素分为直接因素和间接因素。

直接因素表现较为表面,很容易分辨,机会拉动型创业者的创业动机主要由自我实现需求推动,生活压力型创业者的创业动机则主要由生存需求来推动。

间接因素包括社会保障程度、长期收入水平、人口统计特征等。社会保障水平越高,带来的创业机会也越多;收入水平提高,往往意味着创业者可以有更多的资金投放到创业市场;文化层次越高,创业者在科技型创业领域就能开展越多的项目等。

## 二、创业动机的分类

创业动机在不同的国家、城市、环境中,表现的方式也不一样,创业环境越好,就越能推动周围的人开展创业活动。

### 1. 社会导向

创业能促进新产品的研发、新技术的运用,能促进社会的进步,还能为社会带来更多财富。社会对于创业的认可最为直接的表现方式就是该地区的创业比例,在经济活动繁荣、年轻群体多的城市,创业比例也会较高。

### 2. 个人成就

创业能不断挑战自我,促进个人能力的提升。如果创业成功,创业者还能获得更多的经济收入,用以改善个人、家庭的生活质量,从而提升自己的社会地位。这些因素必然会引发越来越多的人开始关注创业,毕竟创业成功所带来的效益十分明显。

### 3. 资源驱动

创业是资源再利用、再开发的过程。一个人掌握的资源越多,在创业过程中就越能利用现有资源,为个人、社会带来经济效益。

创业动机在不同国家的表现方式也不一样,中国人对创业优点的认知主要为获得更多的经济收入,用以改善个人、家庭的生活质量,从而提升自己的社会地位。

**【创业茶歇】**

1. 随机找一个身边的物品,分析一下这个物品具备的三个特性。

2. 如何收纳塑料口袋? 超市购物回到家,将所有商品归置到冰箱后,看着满地的塑料口袋,有没有合适的方法将这些塑料口袋进行归类存放?

# 第三章 创业团队

## 概　述

创业团队是由少数具有技能互补的创业者组成的群体，他们为了实现共同的创业目标，在一个共同认同的、能使彼此担负责任的程序规范下，为达到高品质的创业结果而共同努力。组建一支优秀的创业团队对任何创业者都是至关重要的工作。一般而言，优秀的创业团队都具有知己知彼、才华各异、目标一致、彼此信任的特征。一支高效的创业团队，除了要具备优秀创业团队的特征，还应该为团队配备合理的人数并建立合理的利益分配机制。组建团队的过程既是团队成员挑选团队的过程，也是团队挑选成员的过程，这是个体与集体相互关联又密不可分的选择过程。

创业团队管理的重点是在维持团队稳定的前提下发挥团队成员多样性、争取收益最大化、提升团队成员的积极性。有效的团队管理能使各具优势的个体聚拢成团，形成一个目标统一又相互协作的团队，促使他们在实践中不断创新，形成人人赶超的良好氛围。创业团队在设置组织结构时，从自身的实际情况出发，以自己的战略任务为目标，以自有的经营技术为根本，并为贯彻实施和最终实现企业的战略任务和经营目标服务。

创业团队的高效运转需要团队成员在各自岗位上努力拼搏，按时完成自己承担的工作任务，同时在力所能及的情况下帮助团队成员按时完成相关工作任务。创业团队的创业活动要结合国家的政策来开展，要积极研发新技术、新工艺以提升整个行业的水平，不可出现以牺牲环境来获得创业收益的现象。创业团队盈利后，要积极开展回馈社会的实践活动，如开展助学、助教、助研、助社区等公益活动。

【课堂设计】

| 序号 | 授课内容 | 展示方式 | 时间（单位：分钟） |
| --- | --- | --- | --- |
| 1 | 新闻新鲜事 | 根据最近时事讲解 | 5 |
| 2 | 回顾上次课程内容 | 教师、学生讲解 | 5 |

| 序号 | 授课内容 | 展示方式 | 时间（单位：分钟） |
|---|---|---|---|
| 3 | 第一节　创业团队 | 讲授 | 15 |
| 4 | 第二节　创业团队组建 | 讲授 | 15 |
| 5 | 休息 | \ | 5 |
| 6 | 第三节　创业团队的管理技巧和策略 | 讲授 | 15 |
| 7 | 第四节　创业团队的责任 | 讲授 | 15 |
| 8 | 视频观看 | 播放视频 | 5 |
| 9 | 本章总结 | 讲解、讨论 | 5 |
| 10 | 教师点评 | 讲授 | 5 |
| \ | \ | \ | 90 |

**【活动筋骨】**

手操：手腕互击 32 次。

说明：打击心经及心包络经/大陵穴。

主治：预防及治疗心脏病、胸痛、胸闷；舒缓紧张的情绪。

**【创业茶歇】**

### 拍掌游戏

前后两排的同学围成一个椭圆，伸出双手在胸前拍掌两次，喊"1、2"；举过头顶拍掌两次，喊"加油、加油"；双手拍前面同学的双肩七次，喊"我们是一个团队"。此为一个循环，以此往复。

**【讨论】**

学校下发了创业比赛的通知，很有创业激情的你想要组建一个创业团队，你认为这个团队应该邀请哪些专业和具备哪些能力的同学加入？

# 第一节　创业团队

创业团队永远是创业过程中最为核心的因素，是决定创业成败的关键，也是风险投资家最看重的部分。

## 一、创业团队的定义

### 1. 团队

团队是指由两个或两个以上的相互作用、相互依赖的个体，为了特定目标而按照一定规则结合在一起的，有明确分工、各自承担责任的组织。

### 2. 创业团队

创业团队是指使各成员联合起来，让他们在行为上相互影响、在心理上产生归属感与合作意愿的团队。这种集体不同于一般意义上的社会团体，它存在于企业之中，因共同创业而连接起来却又超乎个人、领导和组织之外。优秀的创业团队具有的基本要素包括：团队带头人；彼此十分熟悉，相互能够很好地配合的团队成员；创业所必需的相关技能。

创业团队是由少数技能互补的创业者组成的群体，他们为了实现共同的创业目标，在一个共同认同的、能使彼此担负责任的程序规范下，为达到高品质的创业结果而共同努力。

简而言之，创业团队是为开展创业而形成的集体。

一项以 1000 家企业为样本的调查显示，约 70% 的企业有数位创始人。这些企业中，成立 5 年的企业的销售额在 1600 万美元左右；成立 6～10 年的企业的销售额在 4900 万美元左右；而成立时间超过 10 年的企业的销售额则超过几亿美元。

## 二、创业团队的特征

组建一支优秀的创业团队对任何创业者而言都是至关重要的工作。一般而言，优秀的创业团队都具有以下 4 个特征。

### 1. 知己知彼

一支优秀的创业团队应该相互熟悉、知根知底。团队成员之间应清楚地知道彼此的优势和劣势，且团队在处理工作任务的过程中能做到合理分工，最终最大限度地发挥出每个成员的价值。

### 2. 才华各异

团队成员之间应该各具所长、相互补充、相得益彰。团队成员中应包括战略决策者，对于团队发展起到指引、决策作用；策划者，全面分析团队的机遇和风险，负责团队内部运转的资本、投资、收益、管理、规章、规划等工作；执行者，属于实干派，具体负责执行团队的决议，包括市场、客户的联系等工作；研发者，属于技术派，具体负责研发团队的核心技术，使团队在竞争中处于核心地位。

### 3. 目标一致

拥有共同的目标是团队区别于普通群体的显著特征，共同的目标能将团队成员紧密地联系在一起，将分散的个体凝聚为一个稳固的团队，有助于积蓄团队的力量朝着共有的目标奋斗。

4. 彼此信任

信任是解决分歧的最佳途径，相互信任有助于团队内形成良好的、高效的、稳固的工作氛围，实现共有的目标。团队管理层充分信任团队成员，要实现决策科学、分工明晰，使成员参与性高、自豪感明显，从而发挥出团队的最佳优势。

**【创业茶歇】**

重组"西天取经"团队

请你在如来佛祖、李时珍、岳飞、曹操、孔明、武则天、林黛玉中挑选3人，组建一个新的团队，并说明为什么要选这些人，依据是什么？

# 第二节　创业团队组建

开展创业活动，需要创业者组建一个团队，很多同学会认为本班或本寝室同学是组建创业团队的主要来源，其实不然，这说明大家对创业团队还存在误区。

## 一、创业团队的组建原则

一支高效的创业团队，除了要具备优秀创业团队的特征，还应该为团队配备合理的人数并建立合理的利益分配机制。

1. 人数设置合理

大学生创业团队的人数设置为3~5人较为合适。这个人数对于创业初期的团队来讲，便于分工、协调相关工作，提高办事效率，以保障创业期间各项工作的顺利完成。

2. 利益分配机制健全

利益分配机制健全是指创业团队在创业初期及创业开始后的利益分配方法合理。一般而言，成员之间按创业初期拟定的出资比例来决定收益比例，并根据新股东所占的比例来进行利益分配。当今，越来越多的企业开始让员工持股，让员工成为企业的股东，这样做的目的是调动、激发员工的积极性，让他们为单位的长远发展出力。当然，随着企业的壮大，掌握新技术、新管理方法的人在企业里也会越来越多，创业者在利益分配过程中有意识地扩大此类人员在公司股份的占比是明智之举。

创业团队的利益分配问题是阻扰企业长期发展的主要原因。

【延伸阅读】

### 小鹏的创业团队

小鹏是《创业基础》选修课的一名学生。第一天上课，他就坐在第一排中间的位置，周围都没有同学。第一堂课，我给大家带来的教学内容是分享创业故事和观看创业视频。这些故事和视频的主人翁并不是现在大家看到的大咖级人物，而是一些普通人，讲述了他们如何在陌生的领域通过自己艰难的摸索取得成功的故事。

小鹏听着、看着这些创业故事，非常入神，我由此猜测他可能是个计划创业的同学。

果不其然，下课后，他就向我请教了很多创业问题。在交流的过程中，他的问题一个接着一个。通过交流和探讨，对于即将开始创业的他，我了解到，他已经筹集了比较充足的资金，并召集了几位比较信任的朋友合伙，同时，他有比较适合自己兴趣、爱好的项目，在选址方面，他也有清晰的地址取舍。

半学期过后，我原本想听一听他的创业进展，和他聊完之后，才发现第一次的交流是那么的空洞和不切实际。他最初和我交流的想法都没有付诸实践，一切都停留在设想阶段。最重要的是，他一手搭建起来的团队在最开始便已经"垮掉"，说到要拿出资金开启创业活动，原先的合伙成员便纷纷找各种理由"退出"。

学期末，小鹏明确宣布：自己的创业计划落空，创业团队解散。

## 二、团队及其成员的选择

组建团队的过程是团队成员挑选团队的过程，也是团队挑选成员的过程，两者是彼此关联又密不可分的整体。

1. 成员个体

成员在加入一个创业团队时，十分看重团队的目标、团队的行为准则、团队领导者的决策能力、团队成员的人格品质、团队的知识能力以及他们之间的默契程度等。

成员加入新团队是为了实现自身的价值，只有满足了自身需求的团队他们才愿意加入其中并为其工作。

成员的知识结构和能力状况是完善创业团队的关键因素，如果创业团队中的成员不能有效地展现自己的知识结构和能力，他们的积极性便会受到打击。

2. 团队整体

团队在考察成员时，侧重于考察其知识结构、能力状况、心理行为特征（特质）和加入动机。即要求新加入者能够在知识、能力、心理等方面和原有成员达成互补，且目标一致。

创业团队的领导者决定着创业团队的发展方向，及时把握机会，瞄准目标前进是团队领导者的核心任务。

团队成员间相互熟悉、彼此了解，积极完成自身工作内容，懂得自己的优势与不足，并虚心向团队的成员学习有助于创业活动的长远发展。

创业团队构成的异质性和互补性是团队成员之间彼此尊重的前提，每个人都有自己擅长的领域，并在这些领域发挥着各自的作用。

创业团队的成员应将团队的共同利益置于首位，为满足自己的虚荣心而忘记整个团队的利益将阻碍创业的发展。

创业团队内部应妥善处理权力或利益关系，各岗位应分工明确，不越级指挥，不乱插手，按照各自的任务分工合作。

合理的团队管理规则是创业团队维护其健康发展的保障，任何人都不能享受特权，不能破坏团队的规则。

**【创业茶歇】**

拟定愿景

请拟定自己创业团队的愿景，并结合团队从事的创业内容，撰写 10 个字以内且朗朗上口的团队口号。

# 第三节　创业团队的管理技巧和策略

创业团队管理的重点是在维持团队稳定的前提下发挥团队成员的多样性，争取收益最大化、提高团队成员的积极性。有效的团队管理能使各具优势的个体聚拢成团，形成一个目标统一而又相互协作的团队，在实践中不断创新，形成人人赶超的良好氛围。

## 一、打造创业团队精神

团队精神是团队成员的精神支柱，是创业成功的基石。创业团队的建设需要塑造内在精神，形成良好氛围，建立团队文化。

（一）塑造内在精神

每个团队成员的成长背景各不相同，不管是组织者还是参与者，都需要塑造自身的内在精神。这种精神是吃苦耐劳、顽强拼搏的进取精神，是所向披靡、挑战困难的拼搏精神，是甘于奉献、团结一心的团队精神。

（二）形成良好氛围

团队精神的建立并不是组织者喊口号，参与者埋头参与即可，更多的是要形成良好的氛围，激励所有人的斗志。

1. 培养敬业精神

敬业是指专心于学业或工作，如爱岗敬业。敬业是积极的人生态度，是智慧的处事方式，是走向成功的基石。在工作中，我们难免会遇到各种坎坷，经历也是一种成长，应善于找到工作中的突破口，全身心投入到本职工作中，想方设法克服困难，解决存在的矛盾，积极化解所遇危机。

2. 建设学习型团队

学习是指从阅读、听讲、研究、实践中获得知识或技能的过程，学习还有效法的意思，如学习先进经验等。学习能找到自己的短板，弥补自身的不足。大学生创业初期，很多同学采取的方式是照抄照搬别人的成功经验，对于初期创业者来说这也算一条捷径，只是一旦遭遇挫折便止步不前，不再进行深入学习，如市场需求、自身优劣、技术研发等，此时创业必将走向终点。

3. 建立竞争型团队

竞争是指为了自己方面的利益而跟人争胜。开展商业活动必然存在竞争，将自己的产品（服务）放到市场当中去接受检验，技术优先、产品过硬、服务优良、价格合适的创业项目才能吸引更多的顾客，也才能在激烈竞争的市场中立足。大学生在创业过程中，应积极大胆地将自己的产品放到市场中去参与竞争，或在团队内部实施竞争考核制度，在不断实践中找到适合自己发展的道路，从中取得胜利。

（三）建立团队文化

团队创立容易，发展困难，壮大更难。一个团队所具备的精、气、神将有助于团队克服创业过程中遇到的一切困难。团队文化是团队在发展过程中所形成的具有团队特色的价值观、使命、愿景和氛围。团队文化建设一方面是要提高自身水平和技能，另一方面要高效完成团队目标。团队文化如同机器内部的润滑剂，要让机器产生大的功率，就需要机器高速运转，为保障运转的畅通，就得利用润滑剂来增速。

## 二、设置创业团队结构

创业团队在设置组织结构时，应从自身的实际情况出发，以自己的战略任务为目标，以自有的经营技术为根本，要为贯彻实施和最终实现企业的战略任务和经营目标服务。

1. 权责分明

创业团队中，从事市场、技术、决策研究的成员之间要互相配合、互相帮衬。对于创业初期的大学生来说，几个成员就得承担所有事情，甚至存在一个人做完所有事的情况，虽然这看起来比较辛苦，但对于他们来说却是不得不面临的问题。创业初期，不管多么艰辛，创业者及其团队成员一定要注意各自在团队中所应承担的责任，权责必须明晰。

### 2. 分工适当

大学生创业团队的组织者要统揽全局、统筹兼顾，对于在创业过程中所吸纳的创业参与者，应根据其才能分配合适的工作，且要制定完成相关工作的时间表。同时，组织者要善于发现并处理团队中出现的不稳定因素，及时化解，以避免创业团队解体。

**【延伸阅读】**

#### 农场创业项目任务分工

学校下发了农场招募的通知，小郭看到通知后很想参加，实地查看后，心里却犯嘀咕，因为农场的地不平整且泥土里隐藏着很多坚硬的石块，种植前需要耗费比较多的时间来进行土地的清理。

经过慎重思考后，小郭还是组建了自己的团队，团队中男生占70%，本班男生人数不够，就跨学院招募男生。写好创业方案上报学校后，小郭顺利拿到了30平方米的一块土地。拿到土地的第一步就是清理石块。小郭团队里的男生发挥优势，利用一个周末的时间就把泥土里的各类鹅卵石、砖块给清理了出来，并将就这些坚硬的石块在土地边铺了一条10米长、30厘米宽的"劳作便捷通道"。就这样，小郭的农场创业项目顺利地开展起来了

### 3. 适时联动

高校每年都会举办一些有关创业的赛事。对于创业初期的大学生来说，每参加一个赛事都是一个难得的交流、学习的机会，将自己的创业项目拿到学校去参赛，除了可以获得创业"大咖"的指点，还能得到相应的奖励。

## 三、优化创业团队运作机制

创业团队的高效运转需要团队成员在各自岗位上努力拼搏，按时完成自己承担的工作内容，同时在力所能及的情况下帮助团队成员及时完成相关工作内容。

### 1. 做好决策权限分配

创业团队内部要妥善处理好各种权力和利益之间的关系，根据团队成员的能力倾向来安排任务，切不可出现胡乱安排、本末倒置的情况。创业团队在实际工作中要形成团队的治理和管理规则，落实指挥权的问题。此外，在管理过程中，团队应坚持平等原则、服从原则和等级原则。

### 2. 制定员工激励机制

创业团队在创业之初就应该明确利益关系，最为直接的体现形式就是经济报酬，包括工资收入、股权、奖金等，个人成长空间、学习机会、外出考察等非物质报酬也应纳入考虑范畴。对于创业团队的负责人来说，制定一套适合自身团队发展的激励机制，不仅能留住人才，还能使团队不断成长、壮大。

3. 建立业绩考核体系

业绩考核体系是创业团队必须要考虑的一项内容，充满激励性的业绩奖励机制能调动员工的工作积极性，提升其幸福感指数；反之，如果业绩奖励机制不健全，则可能会影响整个团队的高效运转。

【创业茶歇】

怎么理解"重赏之下必有勇夫"？

# 第四节　创业团队的责任

创业团队好比一艘在大海中航行的巨轮，决策者是舵手，每个成员在这个团队中都发挥着看似微不足道，却极其重要的作用。

## 一、创业团队领导者的角色

创业团队的领导者不仅是创业团队中的灵魂，还是企业能够快速、长期发展的核心因素之一。

领导者在创业团队中具有协调、整合的职能，其能力和行为对于创业团队的高效运转乃至创业项目的实施有着举足轻重的作用。领导者应调动员工的积极性，让员工有归属感、认同感、安全感、尊重感、成就感，让员工爱上工作并主动解决工作中的实际困难是创业团队核心成员应积极思考的内容。

【延伸阅读】

**如何理解方太的"四感环境"**

方太是一家深耕高端厨电领域的企业，覆盖烹饪、净洗、储存三大场景，其定位是构筑高端厨居幸福生活新范式。方太的"四感环境"包括安全感、归属感、尊重感、成就感。

（1）安全感

"安全感"是"四感"环境里员工最底层的需求。方太的"安全感"包括但不仅限于员工生产、生命的安全。方太想要营造的"安全感"，更多的是职业安全感。职业安全感就是指一个人在职业中获得的信心、安全和自由，特别是满足一个人现在或将来的各种需要。要让员工有安全感，企业要给予员工良好的薪酬，方太实行的是——全面薪酬，包括环境（发展）、薪资、福利、分红等 4 大类 51 个小项。

（2）归属感

当员工较低层次的需求得到满足后，就会随之产生更高层次的需求——归属感。员工的归属感是指员工在企业工作一段时间后，在思想上、心理上、感情上对企业产生了认同感、公平感、安全感、价值感、使命感和成就感，这些感觉最终内化为员工对企业的归属感。员工对企业归属感的形成是一个由浅入深、渐进互动的过程，方太所采取的是关怀福利、文化契合策略。

（3）尊重感

当员工的归属感需求被满足后，会产生更高层次的需求——尊重感。希望得到他人的尊重也是人类的基本需求之一。员工在企业里希望获得领导、同事的尊重，如果这种尊重得不到满足，即使这个人在工作上拥有出色的能力，其积极性和创造性也会大大削弱。在方太企业里，颁奖仪式彩排的人是领导，领导上台为员工颁奖时先向员工鞠躬，颁奖结束之后让获奖者先退场，并自觉走在队伍最后。

（4）成就感

成就感是员工最高层次的需求。方太不仅在制度体系中搭建员工成长平台，更是通过物质奖励、认可表彰和职业发展为员工营造自我实现、自我超越的环境。当一个员工在组织内有成就感，能够在组织内实现个人理想和抱负时，他也将在组织内燃烧自己。因此，帮助员工获得成就感，是一个企业对员工最好的关怀和激励。为了营造有成就感的环境，方太设有各种独特的奖项，用以奖励有贡献的员工。

（摘自《方太文化》，作者：周永亮，孙红钢，庞金玲，机械工业出版社，2021年，有删改。）

## 二、创业团队领导者的行为策略

### 1. 项目策划

项目策划是创业团队的领导者根据外部环境、自身技术、机遇等条件拟定的包括发展方向、技术推广等策略，或年度任务目标、规模等规划性顶层设计内容。创业团队的领导者在谋篇布局中要注意的内容有：新项目的定位、发展目标及价值、具体实施部门、时机等。在创业团队中，项目策划的最佳表现方式就是策划方案。

### 2. 组织实施

对于审核通过的策划，创业团队的领导者要挖掘潜在资源、安排得力干将、督促相关人员开展实施工作。在实施过程中创业团队的领导者要注意的内容有：根据市场变化及时做出决策调整；发挥团队的力量，集思广益；营造良好氛围。实施过程中所遇到的困难远比策划时期的困难多，这个时候创业团队的领导者要保持头脑清晰，善于选贤任能。

### 3. 提高决策力

决策力是创业团队的领导者必须具备的一项重要能力。创业团队的领导者在具体事务上要大胆思考、善于分析、果断决策；在人员选拔上要善于采取"用人不疑，疑人不用"、因才用人、因技搭台、发挥所长的策略，最大限度地调动团队成员的积极性、创造性；在机遇决策方面要善于深入基层、了解市场、发现商机，在平时要注重基础信息的积累。

4. 加强控制

控制是指根据市场波动情况、人员结构变化等因素的改变，创业团队的领导者不断进行跟踪和修正，以期达到既定目标，取得预期的业绩。创业团队的领导者拥有最高决策权，要对正在开展的项目了然于胸，对于项目进度未达预期目的的要提前进行干预，在能赶上预期任务的情况下可保持人员现状，而对于不能完成预期任务的人员要进行适当调整。

创业团队的领导者在项目实施过程中可采取考核、激励等措施，其目的是调动员工积极性，以便他们在完成任务的过程中能尽最大努力按时达到预期目的。

## 三、创业团队的社会责任

创业团队在为企业创造利润、给成员发放绩效、向股东分红的同时，还应承担部分社会责任，具体包括经济、法律、公益责任。

1. 承担并履行好经济责任

创业团队的最直接目的是创造经济效益，为创业者带来可观的经济收益。创业者所开展的创业活动，能够带动人员就业，维护社会稳定，拉动经济消费，为国民经济健康发展奠定基础，还能为国家创造税收。

2. 守法并履行好法律责任

创业团队在任何时候都要遵守国家的法律、法规和相关部门的规章制度。创业者应遵纪守法地开展自身的创业活动，认真履行合同义务，诚信经营、合法营业、遵守承诺，切不可为一时的利益、贪念毁掉自己的创业活动。

3. 主动履行公益责任

创业团队的创业活动要结合国家的政策来开展，要积极研发新技术、新工艺，提升整个行业的水平，不可出现以牺牲环境来获得创业收益的现象。创业团队盈利后，要积极开展回馈社会的实践活动，如开展助学、助教、助研、助社区等公益活动。

创业活动的开展丰富了就业形式，对国家、社会、个人都是非常有利的事情，创业者、创业团队在实践中应站在创新的高度，力求在实践中取得突破，更好地为社会服务。

**【创业茶歇】**

1. 如何成为一个团队的核心人物？

2. 现在的企事业单位非常注重对一把手的培养，请试着分析背后的原因。

# 第四章　创业机会

# 概　述

　　创业机会是指具有商业价值的创意，是一种特殊的商业机会。对创业者来说，创业机会是能展现自身才能的机遇。创业机会的来源途径有很多，包括意外到来的机会、人口变化、认知改变、市场行情影响、产业革命等，概括起来就是技术变革、政治制度变革、社会人口变革和产业结构变革等。影响机会识别的关键因素一般来说包括先前经验、认知因素、社会关系网络以及创造性等。创业者可使用多种技术和方法识别创业机会，如通过对居民每天在菜市场购买的蔬菜数量和种类进行分析、通过对洗车场洗车客户的洗车频率进行分析、通过对外卖订单的出货量进行分析等，从中识别创业机会。已经有基础的创业者可在自身已经具备的创业系统、客户反馈方面进行识别。创业者绞尽脑汁设计、研发出来的产品（服务）能否被市场认可，成为创业能否成功的决定性因素。即便创业者学历再高、经历再丰富、投入再多，只要创业机会不被认可，那么其创业活动无疑也是失败的。判断创业机会是否适合自己，可从个人经验、社会网络、经济状况进行分析。而评价创业机会，则应该从行业和市场、经济因素、收获条件、竞争优势、管理团队、致命缺陷问题、个人标准、理想与现实的战略差异等方面进行分析。

【课堂设计】

| 序号 | 授课内容 | 展示方式 | 时间（单位：分钟） |
|---|---|---|---|
| 1 | 新闻新鲜事 | 根据最近时事讲解 | 5 |
| 2 | 回顾上次课程内容 | 教师、学生讲解 | 5 |
| 3 | 第一节　创业机会 | 讲授 | 15 |
| 4 | 第二节　创业机会的来源及识别 | 讲授 | 15 |
| 5 | 休息 | \ | 5 |
| 6 | 第三节　创业机会评价 | 讲授 | 15 |

| 序号 | 授课内容 | 展示方式 | 时间（单位：分钟） |
|------|----------|----------|--------------------|
| 7 | 视频观看 | 播放视频 | 15 |
| 8 | 本章总结 | 讲解、讨论 | 5 |
| 9 | 教师点评 | 讲授 | 5 |
| \ | \ | \ | 85 |

**【活动筋骨】**

手操：虎口交叉互击 32 次。

说明：穴位是八邪穴。

主治：预防及治疗末梢循环疾病，如手麻、脚麻等。

**【创业茶歇】**

我们能发掘创业"点子"吗？

面对当今竞争激烈的社会，很多同学都表达过"我想创业，但就是没有点子"。试着谈一谈对于一个创业者，我们如何才能具备一双"慧眼"，寻找到好的创业点子。

**【讨论】**

如何看待稍纵即逝的创业机会。

# 第一节　创业机会

对于想要创业的同学们来说，他们一直在苦苦寻找"机会"，很多时候还听到某些同学倾诉，"我钱都准备好了，就等机会的到来"。创业机会总是转瞬即逝，不会停留在某处等着我们，因此我们应该积极、主动地去发掘。

## 一、创意

### （一）定义

创意是创造意识或创新意识的简称，亦作"刱意"。创意是人们基于对现存事物的理解及认知而衍生出的一种新的抽象思维和行为潜能。"创意"用作名词时是指创业具有创新性甚至原创性的想法；用作动词时则指将问题或需求转化成逻辑性架构，让概念物象化或程序化的形成过程。简而言之，创意就是新的好东西。

（二）创意的特征

1. 新颖性

新颖性是超越现有基础，形成新的技术或新的解决方案，它可以是差异化的解决办法，也可以是更好的措施。

2. 真实性

真实性是指该创意开发出可以把握机会的产品或服务且能够抓住机遇在市场上全面推广，或是让潜在的消费者接受。

3. 价值性

价值性是创意最根本的特征，指开发出的产品或服务能产生实实在在的价值，而要取得这样的成就就必须得到市场的认可。

【延伸阅读】

### 王永庆卖米

王永庆是台湾地区台北市人，祖籍为福建泉州安溪，祖辈以种茶为生，现在是台湾地区著名企业家、台塑集团创办人，被誉为"经营之神"。王永庆小学毕业后就在一家米店开启了自己的打工生涯。一年后，在学得米店经营技巧后，他筹集资金开了人生中的第一家米店，因为投资少，米店只能选址在偏远的地方，然而这个县城此时已经有30家米店了——如何在竞争这么激烈的市场中分得一杯羹，他有自己的战略构想。

第一步，杜绝任何掺杂。受碾米技术的限制，大米中含有杂质是普遍现象，个别米店甚至人为掺杂一些石子进去。王永庆反其道而行，将自己售卖的米全部清理得干干净净，为自己的产品走向"高质量"的方向打下基础。

第二步，包送。顾客购买大米后，王永庆亲自为他们送货上门。在陪同顾客回家的途中聊一聊家里几口人，做饭频率等话题，待到顾客下一次打算买米的时候，他就已经准备好了米或者是将米送到了顾客的门口。

第三步，擦拭米缸。大米送到了顾客家里后，他会将顾客家米缸中剩下的米倒出来，再对米缸进行擦拭，将自己刚送到的米倒入，将米缸中原来的米单独装起来。

清理大米中的杂质、包送、擦拭米缸的做法，让王永庆的市场口碑越来越好，他最终成长为一代富豪。

（摘自百度文库《成功人士励志故事：王永庆卖米》，2023.3，有删改）

## 二、创业机会

（一）定义

创业机会是指具有较强吸引力的、较为持久的有利于创业的商业机会，创业者据此可以为客户提供有价值的产品或服务，并同时使他们自身获益。

（二）创业机会的特征

1. 能吸引顾客

创业的首要目的就是取得经济收益，这个经济收益来自持有货币的顾客，创业机会的实现也就是通过创业吸引并挣取顾客手中货币的过程。

2. 能融入各商圈

但凡一种创业，不管是实体经济圈，还是网络经济圈，无一不是在市场中经历检验而存活下来，这就要求创业模式要能融入当前的经济体系中。

3. 能全面实施

创业者在创业过程中所建立起来的产品或者服务是在市场所需之下产生的，一经投放即可产生实际收益，为创业者带来相关收入。

4. 有核心技术

创业机会的实现需要具备一定的人员、财力、物力等客观条件，也需要能够在市场中立足的核心技术。

（三）创业机会的分类

创业机会按来源可分为问题型机会、趋势型机会和组合型机会三种类型。

1. 问题型机会

问题型机会是指由生活环境中需要解决而尚未得到解决的问题所引发的机会。在现实生活中，问题型机会往往是创业最为直接的原因，如大学寝室晚上关闭大门后，同学们肚子饿了却找不到可以购买零食的地方。

2. 趋势型机会

趋势型机会是在事物不断变化的过程中因获得发展方向而产生的机会。在经济形势和政策导向、社会趋势、行为习惯发生改变的过程中就会出现很多趋势型创业机会，一旦抓住，即可在相关领域取得明显成效。

3. 组合型机会

组合型机会是在目前已经具备基础条件之上，将两项或者两项以上的技术、产品（服务）等因素组合在一起产生新价值、实现新用途后形成的创业机会。

【创业茶歇】

聊一聊身边的好创意：

1. 中国电信的天猫精灵好用吗？

2. 斑马线上的感应红绿灯便捷吗？

……

# 第二节　创业机会的来源及识别

随着 5G 的全面普及，汽车、家电等产业快速发展，随之带动教育、运输、金融、保险、食品等诸多领域发展，高科技带来的成果走入寻常百姓家，我们也才有机会接触到更多、更好的高科技产品。那么，我们能否搭上这趟高速列车，从而走上创业之路呢？这或许需要我们具备一定的创业机会识别技能。

## 一、创业机会的来源

创业机会的来源途径有很多，包括人口变化、认知改变、市场行情影响、产业革命和其他意外到来的机会，概括起来就是技术变革、政治制度变革、社会人口变革和产业结构变革这四个方面。

### （一）技术变革

技术变革是原有生产发生质变的过程。技术变革带来的是新技术的运用、高效率的产品推广和多价值的产生，还会使生产效率得以提升，将曾经处于设想阶段的东西变成现实，或是将浪费的资源回收再利用。

### （二）政治制度变革

随着国家政策的调整，在商业禁区逐步放开、相应制度逐步调整、许可行为逐步放宽等因素的影响下，新兴产业逐步形成，价值发生转移，创业机会也随之产生。

### （三）社会人口变革

根据经济发展水平的不同，社会人口变革在人口生育、教育资源利用、生活基本需求等方面创造出较多创业机会。此外，我国社会主要矛盾的转移，产业之间的巨大变化，以及人民对美好生活的向往（对美的追求、夕阳产业、教育产业）也推动了社会需求，为创业带来了大好时机。

### （四）产业结构变革

产业结构变革通过社会的进步、产业之间的竞争及新技术、新产品、新工艺的大量使用使社会格局发生变化，从总体上看，它有利于企业的发展、社会的稳定和人民生活的改善。

## 二、创业机会的识别

通过调查和分析社会上的人、事、物，洞察力强的大学生一般都能发现一些创业的机会，而判断这样的机会是否适合创业，关键在于大学生对创业机会的识别是否到位。

（一）影响机会识别的关键因素

影响机会识别的关键因素一般来说包括先前经验、认知因素、社会关系网络以及创造性这四个方面。

1. 先前经验

先前经验对于创业者来说是在脑海中形成的历史经验，它包括直接经验和间接经验。直接经验来自自身从事过的行业。据调查，90％以上的成功企业创始人的创业经历都与他们曾工作过的公司有关。间接经验则来自课堂学习、他人讲授、网络传播等渠道，如学校开设的"创业基础"课程、SYB创业沙龙、创业成功人士讲座等。

2. 认知因素

认知因素是创业者有别于普通人的一项特有本领，俗称"第六感"。面对创业环境时，创业者自身的先天技能，以及前期的成长经历、学习深度将在创业决策中发挥至关重要的作用。

3. 社会关系网络

创业者的社会关系网络的深度和广度对于创业机会的识别具有一定影响。当然，每个人的家庭环境是不一样的，而对于需要创业的大学生来说，善于利用现有资源进行创业也是一项非常重要的内容，通常来说，能够与领域内专家联系并建立社会网络的人，更能获得创业机会。根据一项针对65家新创企业的调查得知，半数创业者是通过社会联系获知商业创意的。

4. 创造性

创造性有助于创业者产生新奇或有用的创意。机会识别即在创造过程中抓住最具潜力的点子、思维、方法等。我们的创业很有可能来自不经意间的一句话、看过的一本书或听过的一首歌。

（二）识别创业机会的行为技巧

创业者可使用多种技术和方法识别创业机会，如通过对居民每天在菜市场购买蔬菜的数量和种类进行分析，通过对洗车场洗车客户的洗车频率进行分析，通过对外卖订单的出货量进行分析等识别创业机会，而对于已经有基础的创业者来说，可在自身已经具备的创业系统、客户反馈等方面进行识别。

1. 创业系统

创业系统分析的方法比较简单直接，是创业者了解市场所需最为直接的分析方法。

创业者使用的系统分析法包括宏观和微观两个方面：宏观分析主要关注政策、市场等环节；微观分析则更多考虑顾客所需、竞品价格、原材料等方面。

2. 问题建议

收集顾客反映的问题、调研顾客所需是有效开展创业的机遇。越是需要发展的企业越是在意自身存在的问题，毕竟要在市场中创造经济效益、取得实实在在的收入就不能忽略自身的不足，只有在实践中不断地完善自我，才能在激烈的市场竞争中获得更多、更优质的客户资源。

3. 创新创造

积极探索新技术、新产品、新知识和新服务，不仅是技术的革新，更是掌握市场、创造经济效益的一大法宝。创新创造与前面两条比起来操作难度更大、风险更高，但它所产生的经济效益和社会效益是非常大的，特别是符合市场的新技术运用策略往往具有革命性的颠覆作用。

# 第三节　创业机会评价

创业者绞尽脑汁研发出来的创业活动能否被市场认可成为判定其成败的决定性因素。不管创业者学历有多高、经历有多丰富、投入有多少，只要创业机会不被认可，那么其创业活动便注定是失败的。

## 一、有价值的创业机会的基本特征

1. 吸引力

创业机会的诞生肯定能吸引创业者不断为其投入大量的人力、物力和财力，不可否认，这样的创业机会要能够获得市场的认可且能持续地产生经济效益。

2. 持久性

创业机会所投入的时间越多、所拥有的专利越多，就越能够在激烈的市场竞争中占据优势，并带来持久的经济效益。

3. 及时性

创业机会具有前瞻性。例如，创业内容能够很快满足客户的某项重大的需要或愿望，或者能尽快帮助他们解决一些重大问题。

4. 价值性

创业机会的运用是其价值的最好体现，它的目的是为客户创造有价值的产品（服务），在为客户提供服务的同时，也为创业者带来收益。

对于创业者来说，不只要业精于勤，还要独具慧眼，不仅需要在众多机会中发掘可供创造价值的创业机会，还要采取积极的行动进行实践。

## 二、个人与创业机会的匹配度

判断创业机会是否适合自己，可从个人经验、社会网络资源、经济状况 3 个方面进行分析。

### 1. 是否具有相应的个人经验

充分考虑曾经的工作和生活经验是否能够支撑后续创业时所必需的知识和技能。毋庸置疑，曾经的知识结构、经验对于接下来的创业影响巨大，曾经的知识结构越全面、从业经历越广，对于创业的帮助也就越大。

### 2. 是否具有足够的社会网络资源

充分考虑认识的人、熟悉的人以及好友亲戚等能否为自己后续的创业起到支撑作用，简而言之，也就是自身人脉资源的广度和深度。有研究表明，社会关系越广，创业者越能发现创业机会，创业活动成功的概率越大，所带来的经济收益也就越大。这样的人脉资源既包括显性的知识、阅历、信息等资源，也包括隐性的情感、心理等支撑。

### 3. 创业潜力是否高于机会成本

放弃原有的固定收入，转而开启创业活动需要充分考虑收入减少、工作不稳定等不确定因素。有调查表明，创业前收入越高，越不会开启创业之旅。开启创业，很多时候是事业遇到瓶颈或仕途遇到坎坷所致。

创业者时常会发现很多的创业机会明明是一本万利，可自己就是拿不下来，或者拿下来了却血本无归，究其原因是创业者与这样的机会匹配度不够。创业者在识别创业机会的同时，创业机会也在挑选创业者，只有两者达到相应的匹配度时，创业活动才能取得成功。

## 三、创业机会评价的技巧和策略

马林斯认为，成功的企业要具备市场、行业和企业家团队三要素。综合来说，创业机会评估的三大板块为行业/市场、经济因素/回报和创业团队。

### 1. 行业/市场

行业是指由生产者生产同类产品，或具有相同工艺生产，或由劳务输出者提供同类劳动服务的经济活动类别。而市场是由具有特定需求和欲望，并且愿意以交换的方式来满足自身需求和欲望的顾客构成的。

开展创业机会评价时，我们需要注意两个方面：一方面，要关注提供相同或类似产品（服务）的行业竞争对手，分析它们的产品形态、竞争优势、收益方向等因素。只有在同行竞争中取得绝对优势才能获得经济收益。另一方面，对于已经存在的市场和潜在市场的创业活动，只有市场定位清晰、客户群体明确时才能获得利润。创业者开发出的产品或者输出的劳务一定要在明确自己的市场定位后才能立足。

## 2. 经济因素/回报

绝大多数人创业的首要目的是获得经济收益，因此，创业者在创业初期要努力控制经济成本的支出，因为很多创业者在创业初期是独自经营或以家庭为单位开展经营活动，大多数是以销售型为主的创业模式。

## 3. 创业团队

创业团队是创业者开展创业过程中最为核心的因素，团队成员来源、资源利用等因素是创业能否取得成功的关键，也是创业评价中最重要的因素之一。

按照美国百森商学院蒂蒙斯教授所提出的创业机会评价框架，创业机会评价是指创业者应该从行业和市场、经济因素、收获条件、竞争优势、管理团队、致命缺陷问题、个人标准、理想与现实的战略差异八个方面的 53 项指标对创业机会进行分析。

## 【延伸阅读】

### 蒂蒙斯教授提出的创业机会评价框架

| 名称 | 指标 |
|---|---|
| 行业和市场 | 市场容易识别，可以带来持续收入；<br>顾客可以接受产品或服务，愿意为此付费；<br>产品的附加值高；<br>产品对市场的影响力大；<br>将要开发的产品生命长久；<br>项目所在的行业是新兴行业，竞争不完善；<br>市场规模大，销售潜力在 1000 万元至 10 亿元之间；<br>市场成长率在 30% 以上；<br>现有厂商的生产能力几乎饱和；<br>未来五年内能占据市场的领导地位；<br>拥有低成本的供货商，具有低成本优势。 |
| 经济因素 | 达到盈亏平衡点所需要的时间在 2 年以下；<br>盈亏平衡点不会逐渐提高；<br>投资回报率在 25% 以上；<br>项目对资金的要求不是很大，能够获得融资；<br>销售额的年增长率高于 15%；<br>有良好的现金流量，能占到销售额的 20% 以上；<br>能获得持久的毛利，毛利率达到 40% 以上；<br>能获得持久的税后利润，税后利润率要超过 10%；<br>资产集中程度低；<br>运营资金不多，需求量是逐渐增加的；<br>研究开发工作对资金的要求不高。 |
| 收获条件 | 项目能带来附加价值，具有较高的战略意义；<br>存在现有的或可预料的退出方式；<br>资本市场环境有利，可以实现资本的流动。 |

| 名称 | 指标 |
|------|------|
| 竞争优势 | 固定成本和可变成本低；<br>对成本、价格的控制度较高；<br>已经获得或可以获得对专利所有权的保护；<br>竞争对手尚未觉醒，竞争较弱；<br>拥有专利或具有某种独占性；<br>拥有发展良好的网络关系，容易获得合同；<br>拥有杰出的关键人员和管理团队。 |
| 管理团队 | 创业者团队是一个优秀管理者的组合；<br>行业和技术经验达到了本行业的最高水平；<br>管理团队的正直廉洁程度能达到最高水准；<br>管理团队知道自己缺乏哪方面的知识。 |
| 致命缺陷问题 | 不存在任何致命缺陷。 |
| 个人标准 | 个人目标与创业活动相符合；<br>创业者可以做到在有限的风险下实现成功；<br>创业者能接受薪水减少等损失；<br>创业者渴望进行创业的生活方式，而不是为了赚大钱；<br>创业者可以承受适当的风险；<br>创业者在压力下状态依然良好。 |
| 理想与现实的战略差异 | 理想与现实情况相吻合；<br>管理团队是最好的；<br>在客户服务方面有较好的服务理念；<br>创业者创办的企业顺应潮流；<br>采取突破性技术，不存在替代品或者竞争对手；<br>具备灵活的适应能力，能快速进行取舍；<br>始终在寻找新机会；<br>定价与市场领先者几乎持平；<br>能获得销售渠道，或已经拥有现成的销售网络；<br>能够允许失败。 |

**【创业茶歇】**

1. 新能源汽车电瓶更换

随着各国碳排放时间表的公布，我国明确将在 2030 年达到碳排放的峰值，这就明显地释放出一个信号——新能源汽车在我们国内将得到飞速发展。

由此，各大汽车厂商都想在新能源汽车领域分得一块蛋糕，于是各自加大了在新能源汽车领域的研发。同时，针对电池的充电、更换问题，国内各汽车巨头开始联手实施"只卖车，不卖电池"的销售策略，即在全国范围内用电池更换站取代充电站，也就表明客户购买的新能源汽车除蓄电池外一应俱全。蓄电池没电后，车主将车开到电池更换站，仅仅需要 1~2 分钟即可更换一块满电的电池。

2. 如何做好"打工人"

很多人在创业初期往往都会充当"搬运角色"，随着从事业务的时间越来越长，人脉资源越来越广，才会开启"自己当家"的模式。

因此，很多人都是先从行业的底层做起，先做一段时间。在实践的过程中不断观察，找准机会提升自己，才有助于开展他们后续的创业活动。

# 第五章　商业模式

## 概　述

　　商业模式是管理学的重要研究对象之一，MBA、EMBA 等主流商业管理课程均对"商业模式"给予了不同程度的关注。在分析商业模式的过程中，主要关注一类企业在市场中与用户、供应商、其他合作伙伴的关系，尤其是彼此间的物流、信息流和资金流。商业模式就是一个关于企业如何赚钱的故事，是创业者开发有效创意的重要环节，也是新企业盈利的核心逻辑。商业模式的逻辑主要表现在层次递进关系的价值发现、价值匹配和价值获取中。商业模式侧重于创造顾客价值的基础架构和系统，本质上在于回应"企业提供什么"以及"如何提供"这两个基本问题。商业模式以价值创造为核心体系，并直接决定着企业的盈利能力和成长潜能，是衔接商业战略制定与实施的中介平台。创业者或创业团队主导策划出优异且完整的技术创意后，接下来的重要工作内容就是筹划商业模式。确定商业模式的创新逻辑后，接着面临的任务便是如何选择合适的方法来实现该模式，其中重点开展的内容是环境分析、商业模式、组织设计和商业模式执行四个方面，按此流程循环往复，滚动前行。

**【课堂设计】**

| 序号 | 授课内容 | 展示方式 | 时间（单位：分钟） |
|---|---|---|---|
| 1 | 新闻新鲜事 | 根据最近时事讲解 | 5 |
| 2 | 回顾上次课程内容 | 教师、学生讲解 | 5 |
| 3 | 第一节　商业模式 | 讲授 | 30 |
| 4 | 休息 | \ | 5 |
| 5 | 第二节　商业模式的思路和方法 | 讲授 | 30 |
| 6 | 视频观看 | 播放视频 | 5 |
| 7 | 本章总结 | 讲解、讨论 | 5 |

| 序号 | 授课内容 | 展示方式 | 时间（单位：分钟） |
|---|---|---|---|
| 8 | 教师点评 | 讲授 | 5 |
| \ | \ | \ | 90 |

**【活动筋骨】**

手操：十指交叉互击 32 次。

说明：刺激八邪穴。

主治：预防及治疗末梢循环疾病，如手麻、脚麻等。

**【讨论】**

面对国内的大规模市场，创业者如何才能让自己的产品成为客户眼中的"香饽饽"？

# 第一节　商业模式

商业模式是管理学的重要研究对象之一，MBA、EMBA 等主流商业管理课程均对"商业模式"给予了不同程度的关注。在分析商业模式的过程中，主要关注一类企业在市场中与用户、供应商、其他合作伙伴（即营销的任务环境的各主体）的关系，尤其是彼此间的物流、信息流和资金流。

## 一、商业模式的含义

商业是指以买卖方式使商品流通的经济活动。商业模式是指以价值创造为核心，讲述企业如何创造价值、传递价值和获取价值的基本原理。商业模式本质上是企业为客户创造并传递价值、使客户感受并享受到企业为其创造的价值的系统逻辑，反映的是利益相关者之间的交易关系。

## 二、商业模式逻辑

商业模式就是一个企业如何赚钱的故事，是创业者开发有效创意的重要环节，是新企业盈利的核心逻辑。商业模式的运作主要表现在层次递进关系的价值发现、价值匹配和价值获取的过程中。

1. 价值发现

价值发现是明确价值创造来源的过程，是商业模式开发的关键环节，也是机会识别的延伸。创业者要在激烈的市场竞争中争得一席之地，就需要在产品创新和技术识别的基础上，进一步明确和细化顾客的价值所在，在广大市场中不断探索客户需求，为自己企业的发展创造盈利的项目，从而确定价值命题。

2. 价值匹配

价值匹配是指明确合作伙伴并实现价值创造的过程。新企业面对市场需求往往心有余而力不足，如果独立研发，不断打造符合市场需求的产品，不仅自身投入大，风险也会随之增大。因此，为了提前占领市场，获得客户资源，最好的方式就是找到合作伙伴，形成有效的利益体，建立互利共赢的合作体。

3. 价值获取

价值获取是指制定竞争策略并占有创新价值的过程。价值获取是价值创造的目标，是新企业能够生存并获取竞争优势的关键，也是有效的商业模式的核心逻辑之一。据调查显示，日本80%的创新研究来自高校，而我国高校的研究成果市场转化率不足20%，这就说明高校是创新创造的集散地，值得我们努力发掘。

商业模式的逻辑关系也可分为价值体现、价值创造方式、价值传递方式和企业盈利方式这四个方面。其中，价值体现是基础，价值创造方式是核心，价值传递方式是将价值构想变成现实的过程性手段，企业盈利方式是企业产生盈利的模式。

### 三、商业模式和商业战略的关系

商业模式侧重于创造顾客价值的基础架构和系统，本质上在于回应"企业提供什么"以及"如何提供"这两个基本问题。商业模式是以价值创造为核心的体系，直接决定着企业的盈利能力，更决定了其成长潜能，是衔接商业战略制定与实施的中介平台。

商业战略则侧重于回应环境变化和竞争条件下以效率最大化为目标开展的行为与活动，进而通过恰当的企业行为选择来赢得优势。商业战略是针对所创造价值的保护机制，是将潜能转变为实力的重要手段，其落脚点在外部环境或竞争关系方面。商业战略是在商业模式的基础上实施的。

创业者及创业团队面临的首要任务就是设计不同的商业模式，在此基础上制定适合自身的商业战略。商业模式和商业战略是相互补充的关系，在已有的商业模式基础上选择恰当的商业战略有利于发挥出商业模式所蕴含的成长潜能。

## 第二节　商业模式的思路和方法

创业者或创业团队在大脑中产生一套在同行中表现优异且完整的技术创意后，此时要开展的一项重要内容就是拟定商业模式。

## 一、商业模式九宫格

商业模式的设计是创业成功与否的关键。《商业模式新生代》一书中将商业模式划分为四个方面和九个构造块。其中，四个方面是指要充分考虑到客户、提供的产品和服务、基础设施和财务；九个构造块分为客户细分、价值主张、分销渠道、客户关系、收益来源、关键资源、关键活动、合作伙伴和成本结构，详情如下。

1. 客户细分

客户细分的目的是为用户提供"一站式在线生活服务"，满足各类客户的需求，如客户很想了解新闻时事，那么在开展推广服务的时候就需要明晰——我们正在为谁创造价值，谁是我们最重要的客户？

2. 价值主张

价值主张主要表现为企业积极开展用户的分类工作，针对不同的客户群体开展有针对性的推送，如年轻客户追求时尚，喜欢新奇的事物，那么在推送时则应当重点迎合年轻人的需求，并思考——我们该向客户传递什么样的价值，我们在帮客户解决什么样的难题，我们正在满足哪些客户的要求，下一个层次的客户群体找到了没有？

3. 分销渠道

分销渠道是指企业在商业模式的开发过程中建立起的多样化的层级制度。构造好分销渠道，懂得将市场、区域进行有效的分级是企业开展好业务的关键。

在这一版块，创业者需要回答——通过哪些渠道可以接触客户的细分群体，如何接触，如何整合渠道，哪些渠道最有效？

4. 客户关系

保持良好的客户关系是维系企业长期生存的一大法宝。企业不仅要积极开拓新客户，还要善于将老客户牢牢掌握住，这就需要创业者开展联谊、素质拓展等相应的客户留守活动并思考——每个客户细分群体希望企业与之建立和保持何种关系，哪些关系已经建立，这些关系成本如何？

5. 收益来源

在新、老客户中广泛开展增值类服务、电子商务交易等系列商业活动是创业者盈利的关键，除了在实践中不断思考客户的需求并积极提供行之有效的服务，还应关注——什么样的价值能让客户付费，不同年龄的用户付费买什么，支付方式是什么，一次性消费多少？

6. 关键资源

创业过程中首要的就是掌握关键客户资源，在前期，创业者可不断开展对客户的让利活动，建立客户交流平台，在拉拢客户的同时积极地将客户群扩大。在这个过程中，企业还应思考——我们的价值主张需要什么样的关键资源，我们的分销渠道需要什么样的关键资源？

7．关键活动

为保障创业活动的顺利开展，创业者要对自己的新产品、新技术、新服务提供全面的保障服务，让客户有优越的体验感。而在策划这类活动时，创业者应当明确——我们的价值主张需要什么样的关键活动？我们的分销渠道又需要什么样的关键活动？

8．合作伙伴

创业者的合作伙伴要进行筛选，也要进行可替代性的梳理，以保障自己所开展的创业项目能顺利进行。在这一过程中，创业者应当思考——谁是我们的合作伙伴？谁是我们的重要供应商？我们在供应商那里获得的资源有哪些？

9．成本结构

开展创业活动，成本控制至关重要，相关成本控制表现在员工工资、原材料、宣传推广、租金、折旧等方面。在成本控制中，创业者应当理清——什么是商业模式中最重要的固有成本？哪些资源花费最多？哪些业务花费最多？

以上是商业模式9个构造块的具体内容，它并不意味着创业者针对每个构造块提出的问题要回答全面才能开启创业，但顾客价值、分销渠道、客户关系、收入及成本结构等问题必须纳入考虑。

## 二、商业模式创新的逻辑与方法

（一）商业模式创新的逻辑

商业模式创新的主线是为了更好地为顾客创造价值。因此，创业者在创业过程中的新技术、新产品、新服务都要围绕顾客需求进行，以创造顾客价值为主线。围绕企业价值，商业模式创新可从以下三个方面进行。

1．开发互补或替代产品

商业模式创新可以从寻求已有产品互补者的角度来实现，互补或替代的产品不仅可以满足同一群顾客的同一需求，还能找到突破市场的边界，赢得更多客户。

2．关注顾客的需求

关注顾客需求有助于扩大自身产品的客户圈，如解决客户购买产品或服务时遇到的资源、取舍、售后服务等各类难题，这类服务不仅能吸引回头客，还能在此过程中积累新的客户资源。

3．整合供应链或总体替代

创业者可对自己的上游原材料供应体系进行资源整合，成为原材料供货商的服务商，也可在实践中不断研发，找到替代产品，最终用自己的产品替代原有的材料。如长虹电视机最开始是购买三星品牌的显示器，后期在自主研发、设计成功后，其所安装的显示器就是自主设计、生产的显示屏。

（二）商业模式创新的方法

确定了商业模式创新的逻辑后，接下来创业者面临的任务就是选择合适的方法来实现商业模式的创新。

1. 环境分析

商业模式创新的第一步是建立一个包含不同知识结构的商业模式创新团队，这个团队的成员应该来自业务、流程、技术、客户关系、设计、研发、人力资源等部门。通过讨论，该团队需要让其成员就商业模式的环境达成共识，然后一起规划商业模式框架。

2. 商业模式

在既定的商业模式框架下，设计团队可以开始设计商业模式原型。在这个过程中，团队可借鉴其他领域的成功模式，移植另外的成功模式，或发明新的模式。

3. 组织设计

创业者在创业过程中思考、设计相关工作，即怎样将商业模式分解为业务单元和具体流程。同时，创业者还将在该过程中规划建立基础信息系统，挑选相关人员来开展此项工作。

4. 商业模式执行

创业者将设计好的模式付诸实践，在具备外部、内部及相应机遇的情况下具体实施商业模式。这一步是艰难创业的开始，可视为"万里长征的第一步"。

在创业活动中，商业模式的运行就是按此流程循环往复，没有终点。

【创业茶歇】

**寻找目标群体　做好前期市场调研**

尹某是一名中餐厨师，在获得多年星级酒店打工经验之后，他想到了创业。结合自己的职业优势，他想要开一家中餐馆。关于创业地点，他把目光投向了写字楼集中的区域；关于服务对象，他瞄准的是写字楼里的"白领"。

写字楼较为集中的地方总是寸土寸金，虽然房租是一笔不小的开支，但他还是坚持把目光瞄准白领，因为他注意到白领中午休息时间短，大多自带餐食，开餐馆前景巨大。为此，他开启了"选址"工作，在上午十一点到下午一点之间、下午五点到晚上八点之间，统计某写字楼某区域过往白领的人数，以此分析出该路段在"饭点"时段有多少人需要用餐。

通过尹某的调查方法，我们从中学到了哪些创业知识？市场调查有何重要价值？尹某的市场调查方法是什么？

# 第六章　创业资源

## 概　述

　　资源在创业过程中有着举足轻重的作用，创业者及创业团队在创业过程中要善于挖掘已有及潜在的资源，并对自身的资源进行分类、整合、利用。创业资源是企业创立及成长过程中所需要的各种生产资料和支撑条件，是新创企业在创造价值过程中所需要的特定资产，包括有形资源和无形资源，简言之是指企业创立过程中所需要的所有支撑资料。创业者及创业团队在创业过程中对创业资源的发掘、分析、整合、利用是创业成功与否的关键。大学生开展创业活动时，因其自身无经验、无资金、无技术等身份的特殊性，需要在创业过程中广泛并深入地开展资源互补、共享，创造能抵御风险的环境。资源获取是在确认并识别资源的基础上，得到所需要的资源并使之为创业服务的过程。创业资源的获取对于创业成功非常重要，它不仅决定着能否把创业设想转化为行动，而且决定着企业这一契约组织的形成方式。影响创业资源获取的因素有创业导向、商业创意的价值、资源配置方式、创业者管理能力和社会网络等。创业资源的获取途径有很多，创业者及创业团队不仅要对自身基本情况了如指掌，还得对资源市场进行掌握，分析各类资源的优势、劣势，从海量的资源中选择一个最适合自己的资源。创业者及创业团队积极开发新资源，不仅能使自己的产品（服务）较好地进行推广，还能实现共赢，维系资源在自身创业活动中的活力，并有利于对自己已经掌握的资源进行分类、管理、维系和充分利用。

【课堂设计】

| 序号 | 授课内容 | 展示方式 | 时间（单位：分钟） |
|---|---|---|---|
| 1 | 新闻新鲜事 | 根据最近时事讲解 | 5 |
| 2 | 回顾上次课程内容 | 教师、学生讲解 | 5 |
| 3 | 第一节　创业资源的内涵和种类 | 讲授 | 20 |
| 4 | 第二节　社会资源在创业中的作用 | 讲授 | 20 |

| 序号 | 授课内容 | 展示方式 | 时间（单位：分钟） |
|---|---|---|---|
| 5 | 休息 | \ | 5 |
| 6 | 第三节　影响创业资源获取的因素 | 讲授 | 30 |
| 7 | 第四节　创业资源获取的途径与技能 | 讲授 | 40 |
| 8 | 休息 | \ | 5 |
| 9 | 第五节　创业资源管理 | 讲授 | 30 |
| 10 | 视频观看 | 播放视频 | 10 |
| 11 | 本章总结 | 讲解、讨论 | 5 |
| 12 | 教师点评 | 讲授 | 5 |
| \ | \ | \ | 180 |

【活动筋骨】

手操：左拳击右掌心 32 次。

说明：经络是心经和心包络经/劳合穴。

主治：消除疲劳及提神。

【创业茶歇】

### 寻找身边的资源

1. 开展一项调查研究：一个很小的小摊需要哪些资源？
2. 对自己亲戚、朋友中有创业经历的人进行探访，了解资源的重要性。

【讨论】

找优点：每一位同学列举同寝室同学的 10 个优点并将这些优点进行分享。

# 第一节　创业资源的内涵和种类

资源在创业过程中有着举足轻重的作用，创业者在创业过程中要善于挖掘已有及潜在的资源，并对自身的资源进行分类、整合、利用。

## 一、创业资源的内涵

### （一）资源

资源是指生产资料或生活资料的天然来源，它是一国或一定地区内拥有的物力、财力、人力等各种物质要素的总称。此外，资源还是任何主体在向社会提供产品或服务的过程中，所拥有或所能支配的有助于实现自己目标的各种要素的组合。简而言之，资源是指所有能利用的东西。

### （二）创业资源

创业资源是指新创企业在创造价值的过程中所需要的特定资产，包括有形资产与无形资产，它是新创企业创立和运营的必要条件，主要表现形式为创业人才、创业资本、创业机会、创业技术和创业管理等。

## 二、创业资源的种类

根据资源基础理论，创业者在开展创业过程中所遇到的创业资源可按以下方式进行分类。

### （一）创业资源的性质

创业资源按性质可分为人力资源、财务资源、物质资源、技术资源和组织资源。

1. 人力资源

人力资源不仅包括创业者及创业团队表面所具备的专业知识、相关技能、协作能力、人际关系和工作经验等内容，还包括他们所具备的专业智慧、判断力、视野和愿景。人力资源是创业过程中非常重要的内容，发挥好人力资源的作用可达到事半功倍的效果。

2. 财务资源

财务资源是创业者及创业团队在创业前及创业过程中所具备的财力支撑。获得较大财务资源对于创业者及创业团队来说无疑是创业起步的核心因素，创业前期需要资金的投入，创业过程也需要流动资金的支撑，很多创业者就是被财务资源所困。

3. 物质资源

物质资源是创业者及创业团队在创业之初及创业过程中所需要的办公场所、生产设备、原材料等有形资源。在创业之初，创业者掌握具有绝对优势的物质资源会有很大的优势。

4. 技术资源

技术资源是创业者及创业团队在创业过程中所依据的关键资源，包括关键技术、制造流程、作业系统、专用设备、服务方式等内容。

技术资源是创业过程中的核心资源之一，很多创业者及创业团队就是因为掌握了技术资源才开启了创业之旅，具体来说它包括三个方向：一是创业过程中产生的提升效率的工艺流程、加工方法、劳动技能和诀窍；二是能将上述这些内容付诸实践的生产工具和其他物资设备；三是为了适应现代劳动分工和生产规模的有关管理、经验、方法和服务的内容。

5．组织资源

组织资源是创业者及创业团队为了企业长期发展所搭建的管理系统。它包括组织结构、作业流程、工作规范、信息沟通、决策体系、质量系统、业务活动以及素质拓展活动等。

在现实的创业活动中，创业者及创业团队并不是集齐人力资源、财务资源、物质资源、技术资源和组织资源才能开展创业活动，他们只需掌握以上五个资源的某个方面或是某些方面就可进行相应的创业活动。

（二）创业资源的参与程度

按照资源要素在创业过程中的参与程度，创业资源可分为直接资源和间接资源。

1．直接资源

直接资源是创业者及创业团队在创办企业过程中所能利用的可直接参与企业战略规划的资源要素，如财务资源、管理资源、市场资源、人才资源和科技资源。

其中，管理资源与人力资源类似，是指创业者及创业团队在创业过程中能有效利用现有人员开展商业活动的资源。市场资源则是指创业者及创业团队在创业过程中能利用的原材料市场，以及新产品的客户群体。

2．间接资源

间接资源是指创业者及创业团队在创业过程中不能直接利用，但对企业长远发展、战略规划、产品销售有利，或能提供便利与支持的政策、信息等资源的总称。

其中，政策资源是指政府、社会团体为保持市场活力制定出的一些有关减税、降费的有利于企业发展的政策。而信息资源是指创业者及创业团队在企业原材料采购、产品生产、销售及服务过程中能利用的具有导向性的资源的总称。

（三）创业资源的重要性

按照企业发展过程中核心竞争力影响的重要性，创业资源可分为核心资源和非核心资源。

1．核心资源

核心资源主要包括技术资源和人力资源，这些资源是新创企业有别于其他企业的核心竞争力，也是创业机会识别、筛选和运用三个阶段的主线。

2．非核心资源

非核心资源主要包括资金资源、场地资源和环境资源，这些资源是新创企业成功创办和持续经营的基本资源。

（四）创业资源的来源

创业资源按来源分可分为内部资源和外部资源。

1. 内部资源（创业团队所用的资源）

内部资源是指创业者及创业团队所拥有的物质、金钱等可用于创业的资源。

2. 外部资源（创业团队从外部获取的资源）

外部资源来自创业者及创业团队之外的外部机会的发现，是创业者从外部获取的各种资源。内部资源的拥有状况（特别是技术和人力资源）会影响外部资源的获得和运用。

## 三、战略性资源

战略性资源是与普通资源相对应的能够建立竞争优势的资源。在创业活动中，它具体表现出以下 4 个特征。

1. 稀缺性

稀缺性是指创业者及创业团队在创业过程中所使用的技术、管理、服务在现有市场中存在潜力巨大的机遇，以及供不应求的状态。这些稀缺的资源包括门市所处的黄金地段、一个富有创造力的管理团队、不可替代的核心技术、受保护的物质资源、独有的市场准入资格等。

2. 价值性

价值性是指创业者及创业团队在创业过程中所依据的某一资源能够为企业达到拟定的战略目标。这些战略目标包括带来丰富的盈利、提升生产效率、占有市场资源等。创业过程中有价值的资源具有非常重要的作用，有助于创业者利用资源优势，挖掘资源价值，从创造的角度分析资源，在激烈的市场竞争中占有一席之地。这些有价值的资源包括财产、装备、人员、营销方式、融资途径、财务管理等。

3. 不可替代性

不可替代性是指创业者及创业团队在创业过程中的某一资源具有独特优势，没有任何资源能够以类似或相近的方式替代。创业过程中掌握不可替代的资源对企业的长期发展以及盈利产生将发挥越来越大的作用。

4. 难以复制性

难以复制性是指创业者及创业团队所开发出的产品、管理方式、服务具有不可再生性，或其复制存在一定的难度，或具有专利保护，能使企业在激烈的市场竞争中把握先机，取得主动权或市场保护，达到长期发展及盈利的目的。战略性资源的不可复制性表现在企业成长、发展、市场等方面，新创企业初期在资源、环境、政策等方面的不可复制性；企业发展、壮大过程中存在的机遇、历史条件、政策等方面的不可复制性；企业发展过程中市场拓展、产品定位、城市发展等方面的不可复制性，如安卓系统。

创业者及创业团队在获取这些资源的时候要强调前瞻性和动态性，如果能先行获得战略性资源，并积极利用，便能在竞争中取得优势。因此，创业者及创业团队在创立企业的初期及壮大企业的过程中，要懂得挖掘、分析、整合、利用资源。

### 四、创业资源与一般商业资源的差别

创业资源与一般商业资源既有相同点，又有不同点。创业资源是商业资源，但不是所有的商业资源都是创业资源，只有创业者及创业团队可以利用的资源才是创业资源。此外，创业资源更多表现为无形资源，一般商业资源则表现为有形资源。创业资源的独特性更强，创业者及创业团队的个人能力和社会网络资源是其中最为关键的资源。而在一般商业资源中，规范的管理制度才是企业取得成功的基础。

**【创业茶歇】**

靠资源能挣钱吗？

斯坦福研究中心曾经发表过一份调查报告，其结论是一个人赚的钱，12.5%来自知识，87.5%来自资源。

（来源：人民论坛网，2019.1.9）

# 第二节　社会资源在创业中的作用

创业者及创业团队在创业过程中对创业资源的发掘、分析、整合、利用是创业成功与否的关键。

## 一、社会资本

（一）什么是社会资本？

资本是指用来生产或经营以求谋利的生产资料和货币，也比喻谋取利益的凭借。而社会资本是创业者及创业团队基于人际和社会关系网络形成的资源，这种资源本质上是人力资源的一部分。

创业者及创业团队在创业过程中注重团队力量的建设，在彼此信任、合作的基础上开展社会资本的整合。他们在这期间所依赖的社会资本越多，所能利用的社会资源就越多，个人成本也就越低，通过社会资源也就能降低创业的潜在风险。

（二）社会资本在大学生创业中的作用

1. 社会资本可以促进大学生合理利用资源

大学生开展创业活动时，往往具有无经验、无资金、无技术等特性，因此大学生在创业过程中应广泛并深入地进行资源互补、共享，创造能抵御风险的环境。

2. 社会资本可以帮助大学生实现资源整合

社会资本在资金、技术、产品（服务）等方面虽为个体所有，但也正是因为这一特性使社会资本具有明显优势，它存在于社会的方方面面，具有社会性和扩散性。

3. 社会资本可以帮助大学生降低创业风险

大学生开展创业活动，不管从事哪个方面，风险肯定是存在的。调动社会资本参与到大学生创业中去，能有效降低创业风险，不过这也需要学生、学校、社会、市场的积极配合。因此，大学生在创业过程中，应正确分析创业机会，合理利用创业资源，增强人际交往能力，积极拓宽现有市场。

（三）社会资本的养成

1. 个人社会资本的养成

正确看待并合理利用社会资本的前提是创业者要花费相当多的精力进行自我培育，让自己具备不怕困难的坚韧精神、勇于开拓的创新思维和诚信经营的优良品德。

2. 拓展自己的生活圈层

大学生在创业过程中应注重开拓熟人圈和陌生人圈。熟人圈包括亲人、同学和朋友，其中最为熟悉的圈子是具有"血缘"关系的亲朋好友，获得这些人的支持相对容易，大学生必须抓紧、抓牢并合理利用，但不容忽视的是这个关系圈能提供的帮助是有限的。而陌生人圈是一个非常广泛的圈子，在创业过程中敢于向陌生人"开口"，与不同的人建立交际圈，向他们合理表达自己的意愿，也能成功达到自己的目的。

社交面广、交往对象多样与社会资源丰富的创业者，更容易发现创新性强的创业机会。

## 二、资金

资金是指国家用于发展国民经济的物资或货币，也指经营工商业的本钱。资金是创业者及创业团队在创业初期的起点，在创业初期起着至关重要的作用，更是企业生存发展的基础。

（一）资金对创业的影响

1. 资金对创业活动的影响

Qian 和 Haynes 研究了美国小企业创新研究补贴政策与高科技行业企业出生率的相

关性，研究结果表明该政策对高科技行业创业公司的数量有明显的正向影响，且两者为线性关系。当然，国家在政策导向、科技支持上的积极推动也有助于建立新企业所需的创业基础设置。例如，资金支持能创造更好的商业环境，减少创业者的负债和成本压力，提高创业者获取资源的能力，提升创业者创业的数量，也能鼓励创业者承担创业的风险。

2. 资金对创业绩效的影响

Shariff 等研究发现，政府补贴政策对创业的估值、融资、管理、市场表现和增长绩效之间的关系有正向影响。政府的资金支持能够促进企业业绩的增长，创业企业的业绩在很大程度上取决于创业者调动现有企业资源的能力。资金支持能够提高创业者获取资源的能力，可以作为创业者的杠杆去撬动人力资本、研发资本等其他资源，从而帮助创业者扫除成本和资金困境等障碍，取得更好的绩效表现。

（二）基金对创业的影响

从广义上看，基金是指为了某种目的而设立的具有一定数量的资金，主要包括信托投资基金、公积金、保险基金、退休基金和各种基金会的基金。而从会计角度透析，基金是一个狭义的概念，意指具有特定目的和用途的资金。我们日常提到的基金主要是指证券投资基金。设立政府引导基金是《国家中长期科学和技术发展规划纲要（2006—2020 年）》中提及的配套措施之一，目的在于推动创投市场发展并促进创业企业融资。截至 2018 年 6 月，上海政府引导基金中的创投引导基金共 22 只，已募资金数为303.235～344.235 亿元。然而，由于政府引导基金总量有限，且大部分创业企业在成长成熟过程中都需要进行多轮融资，因此仅仅通过政府引导基金来破解创业企业的融资困境难免有杯水车薪之嫌。风险投资等投资基金在初创企业市场化发展中占据了极其重要的地位，它是检测技术成熟度和实用性的标杆。

我国在各类创业支持政策的制定与施行上尚处于起步阶段，缺乏有关资金支持政策对创业影响的实证研究。创业者在创业之前必须结合创业计划，合理确定资本结构与资金需求，并切实筹集到所需资金，才可能正式开始创业。只要有一个环节的资金不到位，即便再伟大的事业也将面临资金链断裂的风险。因此，资金在创业中具有重要作用。

## 三、专利技术

技术是指人类在认识自然和利用自然的过程中积累下来、并在生产劳动中体现出来的经验和知识，也可泛指其他操作方面的技巧和技术装备。技术资源是新创企业存在和发展的基石，也是生产活动开展和生产秩序稳定的根本，它包括关键技术、制造流程、作业系统和专用生产设备等。

1. 专利技术

专利对企业的创新活动具有较大的激励作用，这也是给予个体专利垄断权的理论根基。尤其是创业初期，在激烈的市场竞争中，专利在获得竞争优势方面发挥着重要作用。然而，一项调查得出的结论却出乎意料，那就是很多创业者不愿申请专利。其中，商业秘密保护力度不大、法律保护不力、同行竞争激烈是很多创业者不愿申请专利的主要原因，还有一部分创业者认为技术不能申请专利。另外，专利审查和实施费用高是创业初期的创业者所不能承受的。

2. 专利技术的作用

专利有助于初创企业获得竞争优势，但是专利对于创新活动的激励作用还没有发挥出来，需要加强初创企业知识产权商业运营战略的实施。常人一般认为专利是一种自我保护的防御措施，在主动应用专利战略进行商业化谋划和运营方面存在偏弱的情况。

创业者及创业团队在企业发展过程中不断地开发新技术、新产品，做好充裕的技术储备和产品储备，才能在市场竞争中立于不败之地。在创业初期，创业资金需求基本满足的情况下，创业技术是最重要的资源。

## 四、专业人才

创业者及创业团队是创业活动的主体，在创业活动中起决定性作用。创业者及创业团队所具备的知识结构、动手能力、经验经历等是成功创业最为核心的资源。俗话说，一流团队比一流项目更重要。创业者及创业团队在创业过程中注重高素质人才的获取和培养，这是新创企业可持续成长的关键。对于高科技新创企业而言，专业人才资源更为重要。

国务院 2019 年印发的《国家职业教育改革实施方案》中提出，"培育数以万计的产教融合型企业，打造一批优秀职业教育培训评价组织，推动建设 300 个具有辐射引领作用的高水平专业化产教融合实训基地"，并"引领职业教育服务发展、促进就业创业。落实好立德树人根本任务，健全德技并修、工学结合的育人机制，完善评价机制，规范人才培养全过程。深化产教融合、校企合作，育训结合，健全多元化办学格局，推动企业深度参与协同育人，扶持鼓励企业和社会力量参与举办各类职业教育"，明确了校企合作、精准育人的总的指导思想。

# 第三节 影响创业资源获取的因素

资源获取是在确认并识别资源的基础上，得到所需要的资源并使之为创业服务的过程。创业资源的获取对于创业成功非常重要，资源获取不仅决定着能否把创业设想转化为行动，而且决定着企业这一契约组织的形成方式。影响创业资源获取的因素有创业导向、商业创意的价值、资源配置方式、创业者管理能力和社会网络等。

## 一、创业导向

创业导向是一种态度和意愿，会引发一系列创业行为。创业导向会通过促进机会的识别和开发，进而促进创业主体对资源的获取。因此，创业者及创业团队在创业过程中注重创业导向的培育和实施，充分关注创业者特质、组织文化和组织激励等影响创业导向形成的重要因素，采取有效的方式获取资源，并在资源的动态发现、获取、整合和利用过程中，注意区分不同资源，充分发挥知识资源的促进作用。

## 二、商业创意的价值

创业的关键在于商业创意。商业创意为资源获取提供了杠杆，但获取资源还有赖于创意的价值被资源所有者认同的程度。换言之，只有被资源所有者认同的、有价值的商业创意，才有助于降低创业者获取资源的难度。

## 三、资源配置方式

由于资源的异质性、效用的多维性和知识的分散性，人们对于同样的资源往往具有不同的效用期望，有些期望难以依靠市场交换得到满足。因此，如果通过资源配置方式创新，能够开发出新的效用，使之更好地满足资源所有者的期望，创业者及创业团队就有可能从资源所有者手中获取资源所有权，以开展生产经营活动。

## 四、创业者管理能力

创业者及创业团队的管理能力是企业软实力的主要表现，管理能力越高，获取资源的可能性越大。创业者及创业团队的管理能力可以从沟通能力、激励能力、行政管理能力、学习能力和协调能力等多方面予以衡量。创业者及创业团队通过管理能力获取必要资源的同时，也能为企业创造良好的发展环境。

## 五、社会网络

社会网络是机构之间以及人与人之间比较持久的、稳定的网络关系。由于创业资源广泛存在于不同资源所有者手中，这些资源所有者又处于相应的社会网络之中，加之人们对于商业活动的认识和参与，会在客观上受到自己所处社会网络及在社会网络中的地位的影响，所以，社会网络对于创业资源的获取具有重要意义。不同的社会网络和网络地位，为人们之间的沟通协作提供了不同渠道。在社会网络中处于优势地位的创业者，具有较好的社会关系依托，可以有选择地了解不同对象的效用需求，有针对性地为不同对象传递商业创意，有目的地获取不同资源所有者的理解和信任，最终成功地从不同网络成员处获取所需资源，为自己进行资源配置奠定基础。

创业者及创业团队的资源辨识能力和外部社会环境等也会对创业资源的获取产生一定影响。现阶段，从中央到地方、再到高校，各组织对于创业的重视程度越来越高，创业者及创业团队获取创业资源也较原来有了很大改变。总体来看，创业空间、环境得到改善，有利于当下创业活动的开展。

**【创业茶歇】**
卡耐基谈人际关系

卡耐基曾说过：专业知识在一个人成功中的作用占比是 15％，其余 85％均取决于人际关系。

# 第四节　创业资源获取的途径与技能

创业资源获取的途径有很多，创业者及创业团队不仅要对自身基本情况了如指掌，还要对资源市场进行掌握，分析各类资源的优势、劣势，从海量的资源中选择一个最适合自己的资源。

## 一、创业资源获取的途径

获取创业资源的途径分为市场途径和非市场途径两类。当创业所需要的资源有活跃的市场，或者有类似的可比资源进行交易时，可以采用市场交易的途径；其他情况下则可以采用非市场交易的途径。

（一）通过市场交易途径获得资源

通过市场途径获取资源的方式包括购买和合作。

1. 购买

购买是指利用财务资源通过市场购入的方式获取外部资源，主要包括购买厂房、设备等物质资源，购买专利、技术，聘请有经验的员工及通过外部融资获取资金等。需要注意的是，知识（尤其是隐性知识等资源）可能会附着在非知识资源之上，需要通过购买物质资料（厂房、机器、原材料等）得到，很难通过市场直接购买，因此，新创企业可以通过非市场途径去开发或积累这类资源。

2. 合作

合作是指创业过程中针对创业者没有的资源，与该资源持有者达成合作，以一定比例进行互补开发的方式。合作的比例、形式很多，创业者不仅可以通过合作获得显性知识资源，还可以汲取隐性知识资源。创业合作建立在双方互补的基础之上，要求合作双方存在共同利益，并对彼此的资源使用能够达成共识。

（二）通过非市场交易途径获得资源

通过非市场途径获取资源的方式主要有资源吸引和资源积累。

1. 资源吸引

资源吸引是指发挥无形资源的杠杆作用，利用新创企业的商业计划、对创业前景的描述、创业团队的声誉等获得厂房、设备等物质资源；专利、技术等技术资源；借贷、融资等资金资源，和优质员工、高效团队等人力资源。

2. 资源积累

资源积累是指利用现有的人、财、物等资源之外，在企业内部形成人人参与、共同建设的创新创业资源集合，主要包括企业自建厂房、设备更新换代，在企业内部开发新技术、革新新工艺，以及通过培训来增加员工的技能和知识，通过市场拓展来积累企业发展资金等。

不管是通过市场途径还是非市场途径获得的资源，都依赖于其在市场的可用性和成本等。创业者及创业团队在关于依靠自身研发还是通过市场购买资源的抉择上要进行全面的分析，当购买成本低于研发成本时，购买无疑是最佳的方式。

## 二、创业资源获取的技能

获取资源贯穿于创业的谋划阶段、开始阶段和壮大阶段，对于创业初期的作用更加明显。为了满足创业需求，达到低成本支出和高回报收入的目的，资源获取的种类也是越多越好，这就考验着创业者及创业团队获取资源的技能和技巧。

1. 充分重视人力资源的获取

人力资源在创业资源中的决定性作用要求创业者必须充分重视人力资源的获取。创业者及创业团队一方面应努力增强自身能力，另一方面应充分重视创业团队的建设。

2. 坚持能用和够用的原则

创业过程充满艰辛，创业者及创业团队在面对各种资源的时候，往往认为它们都是对自身企业发展有利、有用的资源，却不知过多地使用资源会导致支出的扩大，造成资源的浪费。因此，创业者及创业团队在创业过程中应坚持能用就用、能省就省的原则，通过支配让资源充分发挥作用，以满足自身创业的刚性需求。

3. 善于使用多用途资源和高杠杆资源

资源自身的特性决定了其用途的不同，有的资源可能在不同场合具有不同的用途，筹集具有多种用途的资源可以帮助创业者及创业团队应付创业过程中出现的意外。此外，具有独特性的知识是现代社会的高杠杆资源，对于高杠杆资源的合理利用，有助于创业者及创业团队取得一定的杠杆收益，达到事半功倍的效果。

**【创业茶歇】**

如何利用好自己的资源

假如你的某位亲友是某地级市一个饮料品牌的总代理，你将如何在自己的"圈子"中利用这个资源，并以此赚取相应的酬金？

# 第五节 创业资源管理

创业者及创业团队积极开发新资源，不仅能更好地推广自己的产品（服务），还能实现共赢，维系资源在自身创业活动中的活力，有利于对自己已经掌握的资源进行分类、管理、维系和充分利用。

## 一、不同类型的资源开发

创业资源开发是指创业者开拓、发现、利用新资源的活动。创业者及创业团队在开展创业活动时需要在实现资源价值的基础上丰富资源库，进一步拓宽资源的来源和用途，使新创企业获得持续的竞争优势。创业资源的范围较广，本节着重讲解人脉资源开发和客户资源开发。

（一）人脉资源开发

人脉即人际关系、人际网络，体现为人的人缘和社会关系，是经由人际关系形成的人际脉络。在日常生活中积极开展人脉资源的积累和经营，在现实生活中有意识地规划和培养人脉资源，拓展人脉资源的途径，并提升自己人际交往的能力，就能开发出优质的人脉资源。

1. 人脉规划

人脉规划是指在获取人脉资源的过程中有意识地结交不同地域、不同行业、不同年龄的人物，与各类人员建立起可利用的关系。

（1）结构科学合理

人脉资源的结构不可出现失衡的状况，因此在开发自身人脉资源时可注重结交对象的性别、年龄、专业、学历等方面的差别。

（2）平衡物质和精神需要

人脉资源的建立需要物质上的支持，也需要精神上的支撑。简而言之，结交的对象中不仅要有资金雄厚、技术实力强的人，还得有学识深厚的专家，如此，彼此之间才能有更深的情感联系。

（3）人脉的深度、广度和关联度

与人结交不仅要注重自己的朋友，还要注重朋友的朋友、亲戚的朋友等，通过拓展和加深人际关系，建立起深入广泛和有效的朋友圈。

2. 人脉拓展途径

（1）熟人介绍

熟人介绍是人脉资源拓展中最便捷、便宜的一种方法，其优点是人与人之间建立关系的速度快，有中间人的搭桥能提升合作成功的概率，是所有交往中最为高效的方法。因此，很多人都善于运用熟人介绍的方式拓宽自己的"朋友圈"。但不容忽视的是，熟人介绍存在一些不确定性，甚至容易被骗，因此创业者要加以甄别和预防。

（2）参与社团

社团组织是基于一部分人的共同爱好而建立起来的团队，因此，很容易在社团组织中开发出人员资源，毕竟成员之间是在主观意愿下进行交流的。社团里面开展的知识类、公益类、趣味类、亲子类等方面的活动，有助于参与者从内心的实际情况出发，减少一些条条框框的约束，达到建立自己朋友圈的目的。当然，如果参与者在这个社团中能够谋得一份组织者的差事，那就再好不过了，这会增加与人交流的机会，人脉资源也会随之延伸。

（3）利用网络

创业者及创业团队在网络上寻求人脉资源已经成为当下最为简单、便捷、低成本的方式，并在"90后""00后""10后"的年轻群体中广泛传播开来。在QQ空间、微信朋友圈中，他们不仅能找到对方的兴趣点，还能了解到对方的一些真实需求和想法。但不容忽视的是，网络上朋友圈的真实性有待考证，甚至有时连对方的性别都难以判断，因此，网络资源的运用要把握好适度原则。

3. 人脉经营原则

人脉经营过程要懂得遵守人脉关系的原则，不可一味索取，需要相应的付出才能保持人脉资源的长久性。

（1）互惠互利

互惠互利原则是在人脉资源积累过程中，以利益均沾、达到双赢为目的，在互通有无、共同提高的基础上，设身处地地为伙伴、对手考虑问题。这不仅是人脉资源得以保留、延续的重要内容，更是解决问题的重要方法。

（2）平等相待

任何人都是平等的，没有三六九等之分。创业者及创业团队在创业过程中有时可能会在某一方面优于同行，或是某一人在团队中实力较为突出，但不论怎样，在开展合作过程中彼此之间要形成良好的沟通、合作氛围，不可出现盛气凌人的情况。

（3）诚实守信

诚实守信原则在人际交往过程中极为重要，是自己人脉圈子再扩大、业务往来再延续的重要内容。人们在人际交往过程中都喜欢与待人真诚、诚实可靠的人做生意。

（4）遵纪守法

创业过程的一条红线便是遵守国家法律法规，再好的创业想法，如果建立在违反国家法律的基础上，就注定会走向灭亡。对待自己的团队、合作伙伴要严于律己、宽以待人，包容对方的不足，并不断完善自身。

（5）懂得分享

俗话说懂得分享才能享受收获。懂得分享是人脉资源能持久的重要因素，智慧、知识和人脉资源是越分享就会得到越多，善于将自己所掌握的资源有计划、有目的地分享出去，会收到意想不到的成果。

（6）坚持到底

创业者及创业团队只要开启创业，就一定要坚持到底，遇到困难要想方设法去克服，找到战胜困难的途径。要想在困难中获得成长，就要具备坚持的勇气、决心和毅力，切记不能出现冲动型决策、不断改变创业策略等错误做法。

（7）2/8 区别

创业者及创业团队对待自己的人脉资源要注意区分，对于重要的人脉资源要重点维护，这需要花费更多的时间、精力，而对于较为普通的资源只需稍加维护即可。所谓 2/8 区别就是对仅占 20% 的重要人脉资源付出自己 80% 的精力去经营。

创业者要善于在实践中提升与人交流的能力，特别是技巧方面，俗话说"良言一句三冬暖，恶语伤人六月寒"就是这个道理。

**（二）客户资源开发**

创业者及创业团队在创业过程中为了创造收入、实现人生价值，就必须使开发出的产品（服务）被社会、消费者接受，因此客户资源的开发，即开拓新客户和留住老客户就显得尤为重要。

1. 开拓新客户

创业者及创业团队所开拓的新客户就是创业初期的产品（服务）瞄准的客户群体，这一产品（服务）必然是能满足市场需求且能够创造价值的。创业者及创业团队在创业初期为了使自己的产品（服务）能尽快占领市场，常采取优惠、模仿、设计、搜寻、循序渐进等措施开拓新客户。

（1）优惠

优惠也称特殊待遇，是创业者及创业团队通过向客户提供的价格折扣、增值措施等业务，将潜在客户（别人的、观望的客户）转换为新客户的过程。

（2）模仿

模仿是创业者及创业团队在创业初期将自己的公司、门店打造为实力强、客户多、业绩好等优质企业的外在形式，或采取饥饿销售策略让自己的产品（服务）出现供不应求的现象，使潜在客户放心地成为新客户。

（3）设计

创业者及创业团队在进行产品（服务）的功能展示或广告宣传时，用优美的图片、精准的词语对产品的功能或功效进行全方位的展示，并与同类产品进行对比，突出自身产品（服务）的价格优势和性能优势，在顾客心目中树立物美价廉的产品形象。

（4）搜寻

对于潜在的客户群体，创业者及创业团队在茫茫人群中很难找到自己产品（服务）对应的原材料供给一方，而由于产品（服务）面临的客户都处于"隐藏"状态，创业者只有调动各方力量，进行大面积宣传，才能接触更多的群体来推广自己的产品。

（5）循序渐进

创业者及创业团队要重视产品（服务）的长远收益，对于初入的产品（服务）需要考虑市场的接受度，在保本甚至预亏一定成本的基础上，让潜在客户接纳自己的产品（服务），想要盈利则需要顾客的"再次光临"。对于顾客来说，一开始的投入总是很少，只有在享受产品（服务）带来的优越体验后才会加大投入，形成"内在依赖"，这也是老客户的产生逻辑。

2. 留住老客户

在创业者及创业团队的人脉资源中，老客户是非常重要且宝贵的财富，留住老客户就留住了自身企业发展的"生命线"。据调查，留住一个老客户所需的成本仅仅是开拓新客户的 20％左右，更为重要的是，企业产生的利润有 80％来自老客户。留住老客户的方法有很多，最常用的三种分别是增加客户忠诚度、加大客户转移成本和通过系列产品（服务）留住客户。

（1）增加客户忠诚度

创业者及创业团队提供的产品（服务）要及时根据市场需求、客户反馈情况进行调整，对客户进行分类，提供 VIP 待遇，实现客户使用本产品（服务）的最大意愿，使得客户愿意并将长期使用该产品（服务）。

（2）加大客户转移成本

创业者及创业团队通过向客户提供服务承诺、价格折扣、存费返现、带客送礼等措施，让客户享受超值服务。此外，创业者及创业团队还可通过产品或服务的差异性，强化客户的消费习惯、储存客户的朋友圈等，加大客户的转移成本。

（3）通过系列产品（服务）留住客户

系列产品（服务）是指客户在购买创业者及创业团队销售的产品（服务）之后，为了使产品（服务）的功能最大化，或为了满足家庭不同层次人员的需求，还需购买与本产品（服务）相关的产品（服务），即系列相应的配套设施、设备。因此，开发系统性产品（服务）成为创业者占领市场、取得更大收益的重要内容，需要创业者不断加大研发成本，提升产品（服务）在市场中的占有率。

## 二、创业资源的运用

创业者及创业团队在正确运用已经掌握在手且优于竞争对手的创业资源的基础上，应争取发挥出创业资源的最大作用，为自身创造经济价值。

### （一）有限创业资源的创造性利用

创业者及创业团队利用资源的方法主要包括自有资源、组合资源、借用资源这三类。

1. 自有资源

创业者及创业团队在创业初期所掌握的资源总是有限的，而为了创业的需要只能将目前的资源投入到获取收益的过程中。创业者及创业团队采用自有资源开启的创业活动包括独立研发产品（服务）、使用自有资金实现循环、借助自身能力推广产品等内容。

创业者及创业团队的产品（服务）研发是占领市场最为核心的内容，需要在自己主导的环境中进行有效的检验才能发挥出产品（服务）的最大价值。

创业者及创业团队对于资金的需求绝对是最为迫切的，但实际上能获得资金的渠道有限，很多投资人对新创企业持观望态度，这或许是因为他们找不到合适的投资项目，又或许是因为创业者及创业团队的宣传不到位。

在实践中，创业者及创业团队也可利用自身资源开展积极的创业活动，比如利用所学知识开展产品的设计、制作等，也可将现有居住空间作为库房，利用学生、单位职工等身份优势在一定范围内开展产品推广等。

2. 组合资源

创业者及创业团队如何让客观存在的各类资源为其所用是非常重要的内容。当创业者及创业团队在创业初期面临资金需求的紧张只能利用手中有限的资金启动创业活动，或面临产品生产期间没有经济实力购买先进的生产设备，以及面临产品推广时却招不到理想的员工来开拓市场等情况时，创业者及创业团队就必须整合资源。

（1）组合资源的概念和要素

组合资源是指创业者及创业团队在自身资源有限的情况下，为了扩大设计、生产、销售，向外界寻求无限的资源并使其为己所用，以创造更多、更大价值的过程。

创业者及创业团队寻找外界资源时不可能一步到位，资源总是零散地分布在各方，因此组合资源的要素包括善于发现资源、积极利用资源以及维系身边的资源。组合资源也可称为创造性拼凑资源，大学生创业者及创业团队在产品（服务）设计阶段遇到瓶颈时可寻求大学老师的专业指导；在生产阶段遇到生产设备落后时可寻求生产外包；在销售阶段遇到市场拓展压力时可调集熟人资源；在缺乏办公环境时可向当地大学生孵化园或创新创业孵化中心寻求帮助等。组合资源并不是一味地照抄照搬。首先，新资源是有用的资源；其次，新资源的加入是为了使现有产品（服务）能上升到一个新台阶；最后，新资源会带来实实在在的经济效益。

（2）组合资源的策略

创业者及创业团队对于外界资源的运用，也可称为客观资源的拼凑，包括直接使用和整合使用。

直接使用是指创业者及创业团队在初创企业的过程中，在技术、资金、市场等对自身不利的因素的影响下，面对已经具备的资源，可采取择优选用直接融入现有产品（服务）中的策略。

整合使用是指创业者及创业团队在企业已经具备一定规模的基础上，为了推出新产品、占领新市场，将身边闲置的、低效率的资源进行优化、整合，使其创造出更大的经济价值。

3. 借用资源

创业者及创业团队在创业初期各类资源有限的情况下，少量付出自身资源，或是利用手中有限的资源来借用各类资源开展自己的创业活动，这一策略被称为借用资源，或杠杆效应。

借用资源表现在技术（服务）、资金、固定资产、销售系统、品牌效应、公关团队等的借壳方式中。创业者及创业团队面临创业初期的困难，要挣脱现有资源的束缚，积极开拓思维，创造性地开展工作，撬动更多、更优质的资源为自己的创业助力。借用资源的种类有很多，最为直接的就是具有血缘关系的亲戚资源，而社会资源的获得也需要自己的"亲戚圈、朋友圈"发挥积极作用。

（二）开发创业资源

新创企业需要产品（服务）的支撑，也需要创业者及创业团队的展现，这是创业的核心板块。创业者及创业团队要开发创业资源就需要对现有资源进行识别、分析、整合、利用、维系，充分发挥各类资源的积极作用，培养竞争优势，为新资源的开发奠定基础。

1. 围绕利益维系资源

创业者及创业团队要围绕自身利益建立一套体系，这套体系不只是基于自身的需要，也是为了维系和扩大外在资源。譬如，亲戚、朋友间偶尔的免费帮忙是可以理解的，也能得到大多数人的支持，可若是想要这种帮忙持续下去，就必然要有一套完整的利益分配机制，让亲戚、朋友的帮助变得更加积极、全面、深入。

创业中的利益相关人员可概括为资本市场的利益相关者、产品市场的利益相关者和自身团队的利益相关者三个部分。自身团队是基础，资本和产品市场是创业者维系的主要方向，各利益相关者与创业团队的关系越强、越紧密，资源整合成功的可能性也就越大。

2. 围绕双赢维系资源

创业者及创业团队在经营活动中要切实考虑资源提供者的利益，哪怕是自身在创业初期亏损的情况下，也要保证投资者的稳定收益。只有极少的投资者是不图回报的，双方能走在一起，维系双方关系的也就是利益。建立一套合理的利益分配机制，既能较好地保障投资者持续投资，又能使新创企业度过困难期，更快、更好地走上发展的快车道。

3. 围绕信任维系资源

创业者及创业团队对资源的利用一定是建立在彼此信任、长期合作的基础上，最终实现互利共赢。不管处于创业的何种阶段，人际交往都是必不可少的环节，彼此信任则是强化、提升资源掌握度的基础，应在实践中建立一套适合于自身的信任体制、机制。

【创业茶歇】

**家政免费服务推广**

某小区物业公司联合某保洁公司开展家政免费保洁服务，只要一次性缴纳一年物业费即可免费享受由该保洁公司提供的室内基本保洁一次。

在保洁过程中，保洁员专业、专心、认真的态度为保洁公司积累了良好口碑。免费的保洁员工作结束后，保洁员请业主为其在一张彩色宣传单上填写意见并进行"存费推广"。

最终，该物业公司收到的业主缴纳一年物业费的比例高于往年。保洁公司虽然提供了一次免费保洁服务，但获得了进入业主家里进行推广的绝佳机会，35%的业主选择了存费保洁，与以往在小区门口宣传相比提升了一倍的业务量。

# 第七章　创业融资

## 概　述

　　创业者及创业团队的资金储备是否充足直接决定着创业的成败，尤其在创业初期，创业者需要对新产品（服务）进行研发，产品（服务）推广期间需要广告费用，产品生产过程中需要机器、原材料、库房的投入，员工薪酬支付需要资金，为了实现规模经营需要持续进行投资等，每一个环节在创业过程中都很重要，每一个环节都需要资金支持，因此创立任何企业都需要资金的支撑。合理筹集创业所需资金是对创业者及创业团队最基本的考验，也是其顺利创办企业的前提。创业不难，难的是获得别人的资金来支持自己的创业计划，对于初创的企业而言，要在复杂且激烈的市场环境中立足，雄厚的经济实力是基础，由此可见，经济实力的打造和积累是摆在创业者及创业团队面前的主要问题。创业者及创业团队对于创业融资的选择因人而异，不同的人选择的方式方法不同，最终的结果也存在较大差异。

【课堂设计】

| 序号 | 授课内容 | 展示方式 | 时间（单位：分钟） |
|---|---|---|---|
| 1 | 新闻新鲜事 | 根据最近时事讲解 | 5 |
| 2 | 回顾上次课程内容 | 教师、学生讲解 | 5 |
| 3 | 第一节　创业融资分析 | 讲授 | 30 |
| 4 | 第二节　创业融资准备 | 讲授 | 30 |
| 5 | 休息 | \ | 5 |
| 6 | 第三节　创业融资渠道 | 讲授/练习 | 65 |
| 7 | 第四节　创业融资的选择策略 | 讲授 | 20 |
| 8 | 视频观看 | 播放视频 | 10 |
| 9 | 本章总结 | 讲解、讨论 | 5 |

续表

| 序号 | 授课内容 | 展示方式 | 时间（单位：分钟） |
|---|---|---|---|
| 10 | 教师点评 | 讲授 | 5 |
| \ | \ | \ | 180 |

**【活动筋骨】**

手操：右拳击左掌心 32 次。

说明：经络是心经和心包经络/劳合穴。

主治：消除疲劳及提神。

**【创业茶歇】**

一个创业失败的故事

某学院学生赵某发现新生报到时每一名新生都会购买相当数量的生活用品，他认为这是一个很好的创业机会，随即通过亲友筹集 10 万元资金，借款 3 天，利息及手续费 1 万元，向校外商家大批量采购凉席、被套、蚊帐、洗脸盆、餐盒、毛巾、保温瓶等生活用品，计划按"套"出售。为了让自己的经营更加顺畅，通过贿赂体育馆保安的方式，将自己的货品堆放在场馆内，并制作假冒带有学校后勤印章的"提货卡"，以期能够获得新生及家长信任。新生报到当天，赵某在售卖"提货卡"时被发现，自己的所做所为不仅违反了学校规章制度，自身还将面临高额的债务。

**【讨论】**

你能想到的创业资金来源有哪些？

# 第一节 创业融资分析

创业者及创业团队的资金储备是否充足直接决定着创业的成败，尤其在创业初期，创业者需要对新产品（服务）进行研发，产品（服务）推广期间需要广告费用，产品生产过程中需要机器、原材料、库房的投入，员工薪酬支付需要资金，为了实现规模经营需要持续进行投资等，每一个环节在创业过程中都很重要，每一个环节都需要资金支持，由此可见，创立任何企业都需要资金的支撑。

## 一、创业融资的重要性

融资是指通过借贷、租赁、集资等方式使资金得以融合并流通的方式，也指经由借贷、租赁、集资等方式得以融合并流通的资金。

（一）资金是企业的血液

资金是指国家用于发展国民经济的物资或货币，也指经营工商业的本钱。资金不仅是企业生产经营的起点，还是企业生存发展的基础。然而，现实中企业创立、发展过程中面临的最大困难就是资金匮乏。

资金链是创业者及创业团队在创业过程、企业发展中对于资金借、贷、还的需求过程。资金是企业生存的血液，资金链断裂必然会危及企业的生存。

（二）融资在企业发展中的重要性

1. 融资有利于降低创业风险

创业者及创业团队在创业过程、企业发展中需要资金，这些资金可能是自有资金，也可能是直系亲属无偿支持的资金，还有可能是借贷而来的资金，这些都是资金成本。

现实状况是，合理融资或是募集资金较少虽然可以降低融资成本，但是在新产品研发、产品（服务）推广方面必然受到限制，创业者及创业团队眼睁睁看着自己错失良机，或是某一方面投入失败后，没有足够多的资金进行挽救，企业亏损（破产）就在所难免。

毋庸置疑，资金越多也就越有利于企业的发展，能够有效地避免资金链的断裂，但同时也要面临企业融资的成本，一旦出现经营不善导致利润降低，不能有效地填充融资成本，企业亏损（破产）一样在所难免。

通过以上分析，企业只有正确且合理地把控融资方式、融资渠道、融资数额，才有利于其降低资金使用成本，将风险控制在一定范围内。

2. 融资有利于企业可持续发展

创业者及创业团队根据新创企业的特点，结合自身产品（服务）优势，在考虑融资成本、风险，以及取得的融资效果等进行客观分析的基础上，做出有利于企业可持续发展的决策，科学规划资金使用方向，合理安排资本结构，将资金风险控制在可控范围内，照顾各投资方、团队利益，完善利益分配机制，让新创企业走上健康发展的快车道。需要注意的是，新创企业在产品（服务）研发初期、推广时期、再提升期间等不同的阶段所面临的风险是不同的，对资金的需求有着不同的特点，对资金的募集也存在着差异。

## 二、创业资金的分类

创业资金按不同的分类方式有不同的类型，创业者及创业团队在创业过程中不仅要掌握足够多的资金，还要学会科学、合理地使用资金。

（一）占用形态和流动性分类

按占用形态和流动性对资金进行分类，创业资金可分为流动资金和非流动资金。

1. 流动资金

流动资金是指创业者及创业团队用于支付原材料、库存、工资、日常支出，或预付在某一些领域的资金。流动资金的显著特征是流动性强，使用和变现都比较容易，产品（服务）成功销售便可实现资金的回流，也就是在一个营业周期内实现资金的投入到回报，再用于相应的创业支出。创业者及创业团队在创业过程中要充分考虑流动资金的特性及资金回流的过程，募集资金过程中要进行仔细核算。

2. 非流动资金

非流动资金是指创业者及创业团队用于购买生产设备、修建（租赁）厂房、购买专利等无形资产方面所使用的资金。非流动资金的显著特征是支出时间长、回报率慢，具有长期资金的性质，一般能够在 1 年以上的经营过程中给创业者及创业团队带来经济收益。创业者及创业团队在创业过程中要充分考虑非流动资金的特性，划拨专门资金专项使用，募集资金时要核算本部分资金在所有资金中的占比。

（二）投入企业时间

按投入新创企业的时间来划分，创业资金可分为投资资金和营运资金。

1. 投资资金

投资资金是指企业开业之前，新创企业在筹备时支出的各类费用。投资资金包括新创企业在原材料采购、产品库房保管方面所需的流动资金，也包括购买生产设备、修建（租赁）厂房、购买专利等方面所需的非流动资金，还包括人员工资、办公用品耗材购买、员工培训费用、临时性支出费用等方面所需的资金。

2. 营运资金

营运资金是指新创企业开始经营后，为了保持企业的正常运转所必须支出的员工工资、耗材购买、业务培训费用等各类使用资金的总和。

营运资金还可分为营运前期资金和营运收益资金。营运前期资金是新创企业从运行到产生收益，实现收支平衡期间持续投入的资金。营运收益资金是新创企业在收支平衡之后的持续盈利阶段，为企业加大研发投入、扩大再生产、开拓新市场等方面积累的资金。贸易类企业营运前期时间较短，一天、几天、一个月都有可能，如果去批发市场批量采购一批商品，拿到某地进行销售，当天即可实现资金的回流。而生产、设计类企业营运前期时间则较长，一个月、几个月、几年都有可能，具体时长根据产品（服务）的实际情况来判定。不同企业研发、经营产品的周期不同，如果有的企业营运前期投入大，回流资金缓慢，将面临不小的挑战。

## 三、关于创业融资难的剖析

创业融资难的原因有很多，从主观和客观两个方面找出它的不确定性即可分析融资难的主要原因。

## （一）主观方面

从新创企业自身条件来看，它们不管在产品（服务）、市场认可度、利润收益，还是经营者能力方面都存在较大的不确定性。

### 1. 产品（服务）的不确定性

创业者及创业团队开发的产品（服务）是否有缺陷由其自身研发团队的实力直接决定，此类产品（服务）是否具有同行竞争力等诸多问题都存在着不确定性。

### 2. 市场认可度的不确定性

创业者及创业团队在销售过程中，现有市场对新产品（服务）的定位和消费者对产品（服务）的认可度直接决定了销售的数量，进而也就决定了经济收益。

### 3. 经营策略的不确定性

创业者及创业团队在创业初期往往没有经营的经验，在此基础上开始创业将面临极大的挑战，产品（服务）的销售策略、市场定位、价格制定等考验着决策者。

### 4. 存活的不确定性

中小企业存活率低是一个不争的事实，面对竞争激烈的市场环境，部分创业者及创业团队往往只是凭一腔热血就开启了创业生涯，没有做好应对困难、接受挑战的准备。

### 5. 固定资产的不确定性

新创企业创办初期规模一般较小，其固定资产大多处于借用、租赁的状态，这导致可用于借贷抵押的资产较少。

### 6. 流动资金的不确定性

新创企业在前期基本处于投资状态，在收益尚未完全形成时，为了研发市场所需的技术，需要持续地进行资金投入。

## （二）客观方面

### 1. 共享信息机制不完善

共享信息在当今创业大潮中是一项非常重要的内容，有一个好的共享平台，能够把创业者及创业团队与持有货币、技术的投资者在产品（服务）、各自能力、不同所需等方面有效地连接起来。

创业者及创业团队对于自身产品（服务）等创业信息的保密，使社会中没有出现足够多的经营信息、财务信息，经营不透明等现象无疑增加了投资者对创业主体、动机、产品（服务）的调查时间，导致创业主体错失很多创业机会。

此外，投资主体尚未成熟也是资本融资过程中存在的一个显著难题，中国人的投资观念多倾向于银行储蓄，对于存在较大风险的创业投资十分谨慎。

### 2. 资本市场活跃欠发达

我国金融体系中的三驾马车是证券、银行和保险行业。证券是国家经济调控和企业融资的重要场所，但是对于未达到上市标准的中小微企业来说，融资极其困难。而对于中小微及新创企业而言，上市无疑是天方夜谭，仅上市要求、条件等就可轻易将其拒之门外。

### 3. 产权交易市场（平台）不足

国内针对鲜花、玉米等农产品已经建立了一套产销平台，而相比之下，中小微及新创企业却缺乏相应的跨地区、跨行业的产权交易市场（平台），这对投资人的投资、回收都会产生较大的负面影响。

# 第二节 创业融资准备

合理筹集创业所需资金是对创业者及创业团队最基本的考验，也是其顺利创办企业的前提。

## 一、测算投资资金

### 1. 设计阶段

创业者及创业团队在组建团队后，要对即将开启的创业项目的所需资金进行全面测算，这些资金种类包括产品（服务）设计费用、认证（论证）费用、研发人员工资支出等。

当然，现实状况却不一定按照上述方法进行详细测算，毕竟很多人的创业都是自己独自开启的，尤其是当今的科技公司。很多科技创业者其实就是该项产品（服务）的研发人员，他们在取得相应的技术专利后便独自开启创业之旅。

### 2. 生产阶段

创业者及创业团队设计的产品在投入生产时要设法调动社会资源去完成产品的生产、入库等环节。很多创业者及创业团队认为产品要在自己的厂房里生产，这就会导致购置厂房、添置设备、购买原材料、雇佣工人等方面的支出成倍增加，这无疑会导致创业成本的增加。殊不知，这是一种比较浪费资源的做法。

## 二、测算营运资金

营运资金是企业开启经营后到盈亏平衡前投入的资金。创业者及创业团队对营运资金的测算主要是掌握流动资金的程度及数量，这可从销售收入、成本和利润情况来确定，通过财务预测的方式来实现。

（一）测算收入和成本

1. 营业收入和成本

测算新创企业的营业收入和成本是创业过程中的重要一环。

收入是指收进来的钱。营业收入是指企业自身产品（服务）在经营过程中获得的经济收益。而成本是指产品在生产和流通过程中所需的全部费用。其中，生产成本是指产品在由原材料到产品过程中所需的财务支出的总和；而营业成本是指企业在推广、销售业务中形成的财务支出的总和。

2. 提升产品（服务）竞争力

创业者及创业团队应基于市场研究和行业营业状况分析，并根据自身产品（服务）前期推广、试营业、市场接受度等调查，结合营销人员反馈、行业专家意见和建议、消费者期望值等反馈情况，预测产品正式上市后的销售量，并对其营业收入和营业成本加以测算。这一步是制订财务计划与编制财务报表的基础，也是估算营业资金的第一步。

（二）编制利润表

利润表是用来反映企业在一定会计期间的经营成果的财务报表。它是根据"收入－支出＝利润"的会计模式，按营业利润、利润总额、净利润的顺序编制而成，是一个动态的报表。

创业者及创业团队在编制利润表时，应根据测算营业收入时预计的业务量对营业成本、拟采用的营销组合、销售费用、市场反馈情况确定的业务规模、新创企业发展战略、企业发展过程中的突发意外支出、融资难易程度，以及相应税收等方面进行测算。

（三）编制负债表

资产负债表是反映企业在某一时期内全部资产、负债和所有者权益状况的报表。资产负债表是根据"负债＋所有者权益＝资产"这一计算公式，依照流动资产和非流动资产、流动负债和非流动负债大类进行展示，并按照一定要求编制的，是一张静态的报表。

创业者及创业团队在编制负债表时应根据测算的营业收入和企业的信用政策来确定在营业收入中回收货币资金及形式的应收款项，并根据材料或产品的原材料、库存、销路等情况来确定存货，而对于非流动资金数额则采取折旧方式计算现金价值，测算相应周期内应上缴的税收，并预计利润额。

当经营过程中形成自发性负债金额且所有者权益之和与资产总额形成差额时，就能说明企业负债数量。

**【延伸阅读】**

创业资金需要多少?

创业资金计算表

| 序号 | 项目名称 | 产品（服务）研发阶段 | 试运行阶段 | | | | | 投放阶段 | | | | | 备注 |
|---|---|---|---|---|---|---|---|---|---|---|---|---|---|
| | | | 1 | 2 | 3 | 4 | … | 1 | 2 | 3 | 4 | … | |
| 1 | 房屋 | | | | | | | | | | | | |
| 2 | 设备购买 | | | | | | | | | | | | |
| 3 | 设备维护 | | | | | | | | | | | | |
| 4 | 设备维修 | | | | | | | | | | | | |
| 5 | 家具 | | | | | | | | | | | | |
| 6 | 专利购买 | | | | | | | | | | | | |
| 7 | 专利申请 | | | | | | | | | | | | |
| 8 | 原材料 | | | | | | | | | | | | |
| 9 | 生活开支 | | | | | | | | | | | | |
| 10 | 工资 | | | | | | | | | | | | |
| 11 | 业务费 | | | | | | | | | | | | |
| 12 | 广告费 | | | | | | | | | | | | |
| 13 | 保险 | | | | | | | | | | | | |
| 14 | 技术人员 | | | | | | | | | | | | |
| 15 | 流动资金 | | | | | | | | | | | | |
| 16 | 交通运输 | | | | | | | | | | | | |
| 17 | 生活材料 | | | | | | | | | | | | |
| | … | | | | | | | | | | | | |
| | 小计/月 | | | | | | | | | | | | |

## 三、创业融资过程

创业者及创业团队面临的创业融资过程包括融资前的准备、资本需求量测算、商业计划编写、融资来源确定及融资谈判五个方面的内容。

### 1. 做好融资前的准备

新创企业想要获得融资是非常困难的，一旦融资失败，创业必将走向灭亡，因此融资一旦开始便会成为创业成功与否的关键。创业者及创业团队在融资前要了解一定的融资信息、维护自身信用、维系人脉资源、学习资金统筹方法、了解融资渠道、学会编写商业计划书、懂得谈判技巧等。

### 2. 计算创业所需资金

创业者及创业团队在创业时面临着巨大的资金需求，现实资金状况往往捉襟见肘，所以在募集资金前，要仔细且科学地计算创业所需购买（申请）的专利、试生产以及初始营业后产生的能扩大产能的资金总和。

### 3. 编写商业计划书

编写商业计划书是一种很好的对未来企业进行规划的方式。在商业计划书中，创业者及创业团队需要估计产品（服务）的成本、销售、市场推广、人力投入等方面的情况，汇总分析各部分所占比重，详细计算所需的资金总额。

### 4. 确定融资来源

创业者及创业团队在自身资金筹备具有压力的情况下，可对周围亲戚、朋友、第三方融资平台进行资金筹措分析，不同的人员能提供的资金数量、所设的时限、所需的回报均不同，应根据各个对象开展有针对性的融资准备工作。

### 5. 融资谈判准备

确定融资对象后，创业者及创业团队要挑选自身团队中谈判水平最高的成员对融资对象开展谈判工作。一方面主讲人要熟悉自身项目书，并提前推测融资对象可能提及的一切问题，准备相应的答案；另一方面要挑选有利于谈判的场所，避免环境带来的不利因素。

### 6. 开展融资谈判

创业者及创业团队中的主讲人要落落大方、条理清晰，能高效地与融资对象进行交流。

**【创业茶歇】**

**开一家面馆的融资渠道？**

假如在校园外的商业街租下一间门面，主营业务为面条、水饺、抄手等快速食品，你能想到的创业启动资金的来源有哪些？

# 第三节　创业融资渠道

创业不难，难的是获得别人的资金来支持自己的创业计划，对于初创的企业而言，要在复杂且激烈的市场环境中立足，有一个雄厚的经济实力则是基础，而经济实力的获得则是摆在创业者及创业团队面前的主要问题。

## 一、私人资本融资

私人融资是新创企业在所有融资方式中使用最普遍的融资方式，这种融资渠道虽便捷，但也面临不是系统投资、创业指导不足等方面的弱势。

（一）个人积蓄

创业者及创业团队的个人积蓄是新创企业资金来源的根本渠道。当下国内创业的主流人员是 40 岁上下的人群，这些人在原有行业都有一定的技术、人脉和资金积累，开启创业后可以获得各方面的支持。

1. 积极创业的表现

创业者及创业团队将个人积蓄投入到新创企业中去，是对自身创业的肯定，也是对创业项目未来成长的肯定，能够激发自己在创业路上更加坚定地走下去。

2. 对债权人的保障

创业者及创业团队将自己的积蓄投入创业活动，也是在向融资对象保证自身在创业中的坚定信心，即使新创企业出现破产清算的情况，也能为投资者挽回部分损失。

（二）亲友融资

创业者及创业团队向亲友融资是其普遍会采取的做法，但原本亲密无间或具有血缘关系的亲友在一场借贷后对簿公堂的情况已经不是新闻。究其原因，其实是他们向亲友借贷时往往没有按照市场借贷中的游戏规则、契约原则和法律形式来规范融资行为。

1. 明确融资性质

创业者及创业团队向亲友融资的方式要在融资过程中进行说明，要明晰双方的权利、义务，以及融资性质属于借贷还是入股、亲戚是否要参与分工等，而对于借款则要确定借款期限、利息、还款时间等内容。现实生活中创业失败的例子举不胜举，创业成功就认为亲友的融资是借款，在收益中进行偿还即可，创业失败就认为亲友的融资是参股，亏损理应由亲友承担一部分，这些做法在创业过程中是不可取的。

2. 依托法律保障

创业者及创业团队与亲友的融资方式最好形成书面合同，并找一个双方认可的长辈作为第三方进行监督，避免事后产生法律纠纷时"各抒己见"。因此，为保障双方利益，理应按法律要求进行私人融资。

3. 明白严峻后果

创业者及创业团队在向亲友借贷、融资前，需要仔细考虑这一行为对自身亲属或朋友关系的影响，尤其是创业失败后偿还创业前的借贷是一件艰难的事情，所以创业者应提前将自己创业项目面临的机遇、挑战向亲友进行分析，其目的是降低偿还亲友债务时产生纠纷、对簿公堂的概率。

（三）天使投资

天使投资是权益资本投资的一种形式，是拥有一定净财富的人士对具有巨大发展潜力的初创企业进行早期的直接投资。这种高风险、高收益的投资，属于自发而又分散的民间投资方式，其中进行投资的人士被称为"投资天使"，用于投资的资本则被称为"天使资本"。

**1. 天使投资的优势**

目前，国内一些具有一定经济实力的富人正在将自己闲置的固定资产，或是暂时存下的资金进行再投资。

未来，天使投资的发展方向有很多：有的是"天使+孵化器"方式，即以少量资金起步，在专业人员的指导下，由兴趣相投的人开展创业活动；有的是"超级天使"方式，这种方式以连续创业者和职业经理人为主，有经验、人脉、资金是他们的标签；有的是"新兴科技人才"创业方式，以自己掌握的顶尖、前沿技术开启创业，让投资人自投怀抱；有的是"投资人团队化"方式，以几个、几十个投资人建立联盟，不仅投资新创公司，还投资大型工程项目等。

**2. 天使投资的瓶颈**

据调查，美国 2007 年天使投资总额为 260 亿美元，投资的初创公司达到 57000 家。2015 年，国内创业投资机构设立的创投基金有 721 只，可投资资本总量为 2200 亿元，天使投资 2075 起，投资地域集中于北京、上海、深圳，投资领域集中于互联网、商业服务、医疗健康领域。

天使投资在我国兴起的时间不长，缺乏一定的文化根基，还需要国家政策和社会经济的推动。导致国内天使投资进入瓶颈期的主要原因有两个：其一是创业者及创业团队收益不透明、分红制度不完善等不良信用事件时有发生，伤害了早期天使投资人的投资信心；其二是国内缺乏投资人和创业者之间良好的沟通平台和机制，导致彼此间信息不畅。

## 二、机构融资

创业者及创业团队在向金融机构融资的过程中可采取的方式有向银行借款、向非银行金融机构借款、交易信贷和融资租赁等。

**（一）向银行借款**

银行借款（贷款）是创业者及创业团队在资金不足的情况下首先想到的融资方式。一般而言，向银行借款（贷款）的方式包括政策性贷款、抵押贷款、创业贷款和担保贷款。

**1. 政策性贷款**

政策性贷款是指大学生创业或新创的小微企业可在当地政府的指导下，提供所需材料，向银行贷到一定数额的免息（减息）贷款。此类贷款金额不高，但也能解决新创企业的燃眉之急。

**2. 抵押贷款**

抵押贷款金额一般不超过抵押物评估价的 70%，贷款最高限额为 30 万元。如果创业需要购置沿街商业房，可以用拟购房产作抵押，向银行申请商用房贷款，贷款金额一般不超过拟购商业用房评估价值的 60％，贷款期限最长不超过 10 年（以当年银行执行政策为准）。

抵押贷款对于新创企业来说往往意味着不小的压力，毕竟很多新创企业仅有尚未投放市场的专利设计（服务），没有固定的厂房、生产设备、办公资产等。而担保贷款则更多倾向于为社会机构提供有偿的担保服务，此类贷款数量有限且要用专利技术（资产）进行抵押。

典当是以实物为抵押，以实物所有权转移的形式取得临时性贷款的一种融资方式。与银行贷款相比，典当有银行贷款无法比拟的优势，是一条简便、快捷、安全、可靠的融资渠道。第一，典当行对客户的信用要求较低，典当行只注重典当物品是否货真价实。而且一般商业银行只做不动产抵押，而典当行则可以动产与不动产抵押二者兼为。第二，到典当行典当物品的起点低，百元、千元的物品都可以当。典当物品的范围包括金银珠宝、古玩字画、有价证券、家用电器、汽车、服装等私人财产。典当行一般按照抵押商品现时市场零售价的 50％～80％估价，到期不能办理赎回的可以续办手续。此外，与银行相反，典当行更注重为个人客户和中小企业服务。第三，与银行贷款手续繁杂、审批周期长相比，典当贷款手续十分简便，大多立等可取，即使是不动产抵押，也比银行要便捷许多。第四，客户向银行贷款时，贷款的用途不能超越银行指定的范围。而典当行则不问贷款的用途，借款使用起来十分方便，周而复始，大大提高了资金使用率。

3．创业贷款

创业贷款是指具有一定生产经营能力或已经从事生产经营活动的个人，因创业或再创业提出资金需求申请，经银行认可有效担保后而发放的一种专项贷款。符合条件的借款人，根据个人的资源状况和偿还能力，最高可获得单笔 50 万元的贷款支持；对创业达到一定规模或成为再就业明星的人员，还可提出更高额度的贷款申请。创业贷款的期限一般为 1 年，最长不超过 3 年。

4．担保贷款

如果你没有存单、国债，也没有保单，但你的家人或亲朋好友有一份稳定的收入，那么这也能成为绝好的信贷资源。当前银行对高收入职业情有独钟，律师、医生、公务员、事业单位员工以及金融行业人员均被列为信用贷款的优待对象，上述行业的从业人员只需找一到两个同事担保，就可以在银行获得 10 万元左右的保证贷款。而且，这种贷款不用办理任何抵押、评估手续。如果你有这样的亲友，可以以他的名义办理贷款，在准备好相关材料的情况下，当天即能获得创业资金。

（二）向非银行金融机构借款

非银行金融机构是指以发行股票和债券、接受信用委托、提供保险等形式募集资金，并将所募集资金用于长期投资的金融机构。创业者及创业团队要从非银行金融机构取得贷款，就要注意区分其营业合法性、利率合理性、社会负面性等问题。我国非银行金融机构主要包括公募基金、私募基金、信托投资机构、证券机构、保险机构、融资租赁机构以及财务公司等类别。

（三）交易信贷和融资租赁

交易信贷是指企业在正常的经营活动和商品交易中由于延期付款或预收货款所形成的企业间常见的信贷关系，也可称为商业信用。新创企业在筹办、试生产、正常经营过程中，可通过商业信用的方式筹集部分资金，如原材料的购买采取"赊账"的方式，等产品（服务）收回货款后再支付原材料的欠款。

此外，新创企业还可通过融资租赁的方式筹集购买生产设备等长期性资产所需的资金。融资租赁是指转移与资产所有权有关的全部或绝大部分风险和报酬的租赁。其中，资产所有权可转移，也可不转移。融资租赁是集融资与租赁、贸易与技术更新于一体的新型金融业务。

## 三、股权融资

（一）股权融资定义

股权融资是指投资人向新创企业投入资金（技术），并在其中占有相应比例的股份及参与新创企业的管理。股权融资最大的问题就是它的风险性，这来自新创公司在设计理念、现有技术、市场接受程度等方面的不确定性。

（二）股权融资特点

股权融资在实践中往往倾向于科技类、回报率高等类型的新创企业，在现实创业活动中能获得股权融资的新创企业比例很小。

1. 投资方式

投资者以股权方式投资具有高增长潜力的新创企业，与新创企业的创业者及创业团队形成一个新的"创业团队"，并达到权、责、利的统一。

2. 参与管理

投资者往往具有一定的管理经验和社会资源，在新创企业发展过程中会积极参与其中，并承担一定的工作内容，从而使企业快速进入正轨。

3. 经营方式

投资者关注新创企业的建立、发展，但不会参与新创企业具体产品的经销，在新创企业发展到一定程度并实现自身盈利后再转让自身持有的股权。

对于投资者来说，结合研发、产品、市场、管理、成长空间等风险因子，只要具备两个时基本不会投资，而一定时期内采取股权融资的新创企业不能超过2个，否则极易导致自身风险因素的增加。

（三）股权融资注意事项

合伙创业不但可以有效筹集到资金，还可以充分发挥人才的作用，并且有利于利用与整合各种资源。合伙投资要特别注意以下问题。

1. 明晰投资份额

投资合伙经营时应确定好每个人的投资份额，平分股权并非是最好的方式，甚至会为以后的合作埋下祸根。因为平分股份额度，将导致权利和义务的平等，使大家对所有事务都有同样多的权利和同样多的义务，如此，经营意图难以实现。

2. 加强信息沟通

很多人合作总是因为感情好，"你办事我放心"，所以相互信任。但长此以往，容易产生误解和分歧，不利于合伙基础的稳定。

3. 事先确立章程

合伙企业不能因为大家感情好，或者有血缘关系，就没有企业章程，这是合作的大忌。

## 四、政府扶持资金

政府扶持资金，又称为政府补贴资金、政府扶持项目、政府专项等，指我国政府通过财政手段与企事业、院所等单位的共同投资，促进特定领域研发投入、加速产业化成型、带动相关产业快速发展，进而实现国家层面上的宏观经济目标、科研目标甚至是国防目标。它通常采用"专项资金指南"的形式进行发布，一般是根据某一导向或是国家战略需要，分短期、中期、长期发展目标，设立某研究基金，分步骤开展的一项计划（任务）。

政府扶持资金按使用情形一般可分为投资无偿补助、奖励、贷款贴息三大类。随着我国经济的发展，政府对创业的支持力度越来越大，支持的数额也越来越大，支持的方式有鼓励中小微企业的创新基金、举办国际性的产业交流活动、提供高科技项目的补助等。

政府提供的政策性扶持资金掌握着高科技成果，有意向的创业者及创业团队不妨争取一下这种政策性的支持，一旦成功，资金问题就会迎刃而解。如各地政府对农业项目的支持力度较大，特别是取消粮食订购任务后，各地都将大力发展高效农业，若个人有意到农村去创业，完全可以申请"农业发展基金"的支持。此外，有些偏远的农村为了加快发展步伐，还有给开发者免费使用土地若干年等优惠政策，这些都是节省创业资金的有效办法。

下岗失业人员乃至一部分困难企业的富余人员虽然创业意识高，但起步阶段往往面临融资难的问题。自 2003 年起，中国人民银行会同财政部、国家经贸委、劳动和社会保障部共同推出了"下岗失业人员小额担保贷款"，为有志于个人创业的下岗职工提供资金帮助。很多地区还成立了担保基金、协会、中心等，为个人创业贷款筹资提供担保。

## 五、知识产权融资

知识产权融资是指创业者及创业团队在新创企业的建立过程中为了获得投资人在资金、技术等方面的支持，寻求更多资源的介入，包括质押贷款、知产引资、技术入股、融资租赁等。

1. 质押贷款

质押贷款是指企业或个人合法拥有的专利权、商标权、著作权的财产权经评估后作为质押物，向银行申请融资。

2. 知产引资

知产引资是指现有新创企业通过知识产权吸引第三方投资合作，企业通过出让股权的方式换取投资者资金，形成新的创业团队，共同获利。

3. 技术入股

技术入股是指拥有专利技术/专有技术的企业或者个人，通过知识产权的价值评估后，与投资者合作成立新公司（或是不成立新公司，直接以专利技术/专有技术入股原有公司）的一种方式，使得拥有专利技术/专有技术的企业或者个人获得企业股权。

4. 融资租赁

融资租赁是指企业或者个人将自己拥有的专利技术/专有技术租赁给相应的公司或者个人，承租方获得知识产权中除所有权以外的全部权利，双方约定相应的租赁费用及有效期。知识产权融资的分类方式有多种，一般分为作价入股、知识产权质押贷款、知识产权信托、知识产权资产证券化这四类。

创业课程中还会涉及一个词：特许经营，这是指持有者将自己所拥有的商标、商号、产品、专利、专有技术、经营模式等以合同的形式授予被特许者使用，被特许者按合同规定，在特许者统一的业务模式下从事经营活动，并向特许经营者支付相应的费用。现阶段连锁经营已成为一种引领市场潮流的营销模式。我们之所以把特许经营作为创业融资的一种手段，是因为很多银行也积极参与特许经营，为创业者提供贷款。

**【创业茶歇】**

### 众　筹

某学院工业设计专业的赵同学在他的家乡创立了"美乡美术培训班"，针对 10 岁以下的美术初学者，计划投入资金 1.5 万元，并在寝室、班级进行募资，寝室成员各出资 1500~2500 元不等，同专业班级成员各出资 50~500 元不等。

筹集资金后，赵同学就从网上提前购买了 100 套帆布折叠凳、画纸、铅笔等材料，并在其曾经就读的小学门口附近租了一套房，培训班师资来自室友及校内美术专业的"老乡"。他们于小学放假前夕在校门口宣传，初级班 860 元，8 次课；中级班 980 元，8 次课。同时，他们还设置了以下优惠：初级报名者送全套画具，初级、中级连续报名打 8 折。整个暑假，"美乡美术培训班"共开班三个批次，这次创业活动让赵同学赚得了丰厚利润。

# 第四节　创业融资的选择策略

创业者及创业团队在创业融资的选择方面因人而异，不同的人选择的方式方法不同，最终的结果也存在较大差异。

## 一、融资方式

初创阶段，创业者及创业团队能够采取的融资方式有股权融资和债权融资。

（一）股权融资和债权融资

股权融资形成企业的股权资本，也称权益资本、自有资本，是企业依法取得并长期持有，可自主调配运用的资金。而债权融资形成企业的债务资本，也称借入资本，是企业依法取得并依约运用、按期偿还的资本。

（二）股权融资和债权融资方式的利弊

股权融资在本金方面具有永久性，能够保证企业最低的资金需要；在资金成本方面，根据企业经营情况变动，股权融资相对较高；在风险承担方面，属于低风险；在企业控制权方面，按比例或约定享有，企业控制权是分散的；在资金使用限制方面，限制条款少。

在本金方面，债权融资需到期归还本金；在资金成本方面，需事先约定固定金额的利息，利息支出也较低；在风险承担方面，属于高风险；在企业控制权方面，没有外在的制约因素，企业控制权是稳定的；而在资金使用限制方面，条条框框的限制则较多。

## 二、筹资决定

创业者及创业团队在筹集资金时，应充分考虑创业阶段、新创企业特征、研发成本、市场接受程度、流动资金数量、融资渠道、各阶段风险等问题，避免出现融资难、新创企业举步维艰的境地。

【创业茶歇】
1. 大学生新创企业采取何种方式融资最好？
2. 你能在电梯里开展随机采访吗？

# 第八章 创业计划书

## 概 述

创业者及创业团队在创业前要对自己的创业项目开展计划书的撰写工作，通过撰写计划书对自己的产品（服务）了然于心，这也是取得融资的关键，是向投资者、客户推广自身的优良举措。创业者及创业团队对于自身产品（服务）在市场中的接受度的调查越详细越有利于自身的发展，也更有利于产品（服务）的改进，更好地迎合市场所需，为自身带来更大的经济收益。古人云："凡事预则立，不预则废。"创业者及创业团队在创办企业前，拟定一份详细的创业计划书是对创业想法最经济的检验方式，毕竟通过自己的调查、比较、分析，到最终下定决心是放弃还是创业，通过一份详尽的创业计划书即可得到答案。创业计划书的写法有很多，应重点阐明新创企业所需要展示的所有内容，这就涉及企业种类、资金来源、各阶段目标、风险因素、参与人员、产品（服务）创新点等内容。创业计划书撰写完成后，面对投资者的"盘问"，创业者及创业团队还得有一位出色的"外交官"来进行展示、推广，如此，创业项目才有可能获得相应的融资，并在创业比赛中脱颖而出，获得优异的成绩。

### 【课堂设计】

| 序号 | 授课内容 | 展示方式 | 时间（单位：分钟） |
|---|---|---|---|
| 1 | 新闻新鲜事 | 根据最近时事讲解 | 5 |
| 2 | 回顾上次课程内容 | 教师、学生讲解 | 5 |
| 3 | 第一节 创业计划 | 讲授 | 25 |
| 4 | 第二节 市场调查 | 讲授 | 30 |
| 5 | 休息 | \ | 5 |
| 6 | 第三节 撰写创业计划书 | 讲授 | 25 |
| 7 | 休息 | \ | 5 |

续表

| 序号 | 授课内容 | 展示方式 | 时间（单位：分钟） |
|---|---|---|---|
| 8 | 第四节 创业计划书展示 | 讲授/展示 | 55 |
| 9 | 视频观看 | 播放视频 | 15 |
| 10 | 本章总结 | 讲解、讨论 | 5 |
| 11 | 教师点评 | 讲授 | 5 |
| \ | \ | \ | 180 |

**【活动筋骨】**

手操：手背互相拍击 32 次。

说明：打击到的是三焦经/阳池穴。

主治：调整内脏机能，预防及治疗糖尿病。

**【讨论】**

小组交流：对于自己入学时所做的"大学生职业生涯规划"，现在是否还记得？有没有发生改变？为什么会有这种变化？接下来怎么办？

# 第一节　创业计划

创业者及创业团队在创业前要对自己的创业项目开展计划书的撰写工作，通过撰写计划书对自己的产品（服务）了然于心，这也是取得融资的关键，是向投资者、客户推广自身的优良举措。

## 一、创业计划的定义及作用

### （一）定义

创业计划，或称商业计划，是创业者及创业团队在创业初期所编写的一份书面创业计划，用以描述创立新企业时所有内在、外在因素，是引领自身创业的纲领性文件，也是创业者的具体行动指南。创业计划是创业者及创业团队叩响投资者大门的"敲门砖"，一份优秀的创业计划往往会使创业达到事半功倍的效果。

创业计划的主要内容涉及分析新创企业的产品（服务）设计理念、面临的客观环境、规划新创企业的发展蓝图等信息，同时包括财务管理、生产设备、人力资源、市场拓展、风险评估等方面的内容。

（二）作用

1. 明晰思路

创业计划是为了让创业者明晰自己的创业思路，帮助创业者及创业团队把握企业发展的总纲领，为企业经营活动提供依据和支撑。

2. 确定目标

创业计划为创业团队及合作者的共同奋斗提供了动力，能够鼓励所有参与者调动积极性开展好创业活动。

3. 明确价值

创业计划可以帮助投资方了解创业项目的投资价值，让投资者明确地知道该项目所需的投资数量及重点扶持方向。

## 二、研讨创业构想

创业者及创业团队需要从产品（服务）、创业团队及组织管理、创业资源的获取途径等主观因素进行规划，也需要从行业发展趋势、潜在市场、消费潜力等客观因素进行综合分析。确立了创业想法，创业者及创业团队便可进行一项创业评估来检验自身的创业项目是否可行，简言之就是——创业七问。

一问：你看到过别人使用这种方法吗？

一般来说，经营红火的企业比那些有特殊想法的企业更具有现实性。所以，成功的企业家往往认为，还没有被实施的好主意往往可能是因为它实施不了。

二问：你真正了解你所从事的行业吗？

许多行业在招聘人才时都会设定一个条件："从业××年"的人，这是因为熟悉本行业的人才最切合实际，他们对本行业的历史、发展都较为熟悉，公司还减少了对其专业技能的培训时间、费用等。

三问：你是否能清晰描述自己的创业构想？

各行业的成功者都在本行业工作了很多年，能从各个角度把本行业的情况描述清楚，而不能将自身想法变成语言的原因只有一个——你还没有考虑好！

四问：你的设想是为自己还是为别人？

对于创业者及创业团队来说，是不是一时兴起而创业，是否有足够的毅力和精力长期从事这项事业……这些都值得谨慎思考。

五问：你的想法经得起时间考验吗？

创业者及创业团队在开启创业活动的最初阶段往往十分兴奋，随着创业之路上遇到的各种困难，新创企业成员必将面临重重考验——是在挑战困难的过程中找到人生的价值，还是在困难面前折返；是否还有继续坚持的动力等。

六问：你有没有一个好的网络资源？

创业就是自身资源的再次整合。日常生活中，对于各类资源你是不是有意识地联系着，并维系着自己的"圈子"，包括供应商、承包商、咨询专家、员工等。拥有好的网络资源是建立自己企业的关键。

七问：你的潜在回报有哪些？

很多人把经济上的盈利作为自己创业回报的主要（甚至唯一）目标，但创业的目的除了钱的回报外，创业者还要得到成就感、爱、价值感等潜在回报。

创业七问可用于创业者及创业团队剖析自己是否适合创业，如果他们能积极地、充满正能量地回答上述七问，那么他们开启创业后成功的概率将会增加，将新创企业长期维系下去的可能性也将增加。

### 三、创业计划书的核心

1. 解决是什么的问题

创业者及创业团队要对投资人负责，主要是事关企业财产法律关系的基本信息，简而言之就是阐述新创企业是一个什么样的企业——做什么、为什么、怎么做，具体包括以下内容：新创企业组织形式、法定名称和主旨、成立时间、法人资格、法定代表人姓名；注册资本和实收资本、股东构成、股权配置、当期资本结构、主要资产价值、经营业绩；公司发展历程、主营业务、行业背景、市场地位、核心客户及企业自有技术、品牌或资金等核心驱动力；团队核心成员、创始人背景、从业资历、过往业绩以及主要执行人、技术控制人履职情况。

2. 解决做什么的问题

创业者及创业团队应明晰新创企业能够为社会提供哪些有价值的产品或服务，并把握自身产品（服务）的核心因素，具体包括以下内容：产品（服务）的特征、用途、效能、细节，解决客户什么问题，是技术、产品、服务中的哪个环节；项目的市场风口、所属行业背景与发展前景、国家产业政策导向、采用技术手段、环保和生态效应；项目锁定的目标市场规模、消费能力、潜在市场等；自身竞争力及准入机制；公司发展愿景、发展战略。

3. 解决怎么做的问题

创业者及创业团队对于自己的产品（服务）要有具体的实施步骤、经营计划、市场开拓和营销规划，也就是重点解决以下内容：卖给谁、怎么卖、卖多少的问题；项目的商业模式、产品（服务）的推广政策、营销组织方式、销售渠道、价格策略；产品（服务）的定价策略、财务预算、投资进度、成本、收益、回报周期等内容。

4. 达到融资目的

创业者及创业团队最终要向投资者提出自己的融资方案，明确对方将获得的收益，这些内容包括：总投资、融资方案、现有持股情况、投资人占比；通过前期努力，目前公司估值、单股价格、交易条件；本轮融资方案、投资人进出机制等。

创业计划书的撰写既要脚踏实地，又要懂得技巧，创业者及创业团队在实践中需要不断练习，写出适合且有利于自身发展的创业计划书。

## 四、分析创业可能遇到的问题和困难

创业者及创业团队要敢于面对团队失和，技术泄露，公司亏损、破产倒闭等各类困难，直面困难的目的是要找到解决困难的方法，而且只有在开启创业过程中直面困难才能在后期有效避免困难重复出现。

（一）困难列举

创业者及创业团队可在纸上罗列创业过程中将会遇到的困难，以及这些困难将会在怎样的条件下出现。

1. 产品（服务）方面

产品（服务）出现问题是创业过程中出现困难频率最高的方面，且一般是由质量差、实用性差、价格高等因素导致的。

2. 管理团队方面

在管理团队方面遇到的困难是创业者及创业团队在创业过程中极易出现的情况，例如团队成员意见不合、家中突发状况出现撤资、人员流失等情况。

（二）解决之道

创业者及创业团队面对这些困难的解决之道是积极面对且努力化解危机、还是听之任之并任其发展取决于该团队成员的凝聚力、战斗力。

1. 主观上积极谋划

困难在所难免，对于创业者及创业团队来说，要在创业前或初期拟定团队的硬性规章制度和软性管理技巧。团队核心成员要有足够的号召力和化解各类困难的处置能力，在遇到各类困难时要想思路、谋策略、出主意，掌握好新创企业的发展方向。

2. 客观上合理规避

客观上的困难总是有解决办法的，例如：产品（服务）技术不过硬则积极投入研发的人员、精力；市场推广中遇到阻碍则调整思路并重新开拓；资金周转遇到困难则可向周围亲友寻求帮助，也可采取融资方式；遇到政策性影响则可积极调整策略等。

**【创业茶歇】**
1. 一份完整的创业计划应包括哪些内容？
2. 你写过"互联网＋"、挑战杯等的策划书吗？参与过"路演"吗？

# 第二节　市场调查

创业者及创业团队对于自身产品（服务）在市场中的接受度的调查越详细越有利于自身的发展，也更有利于产品（服务）的改进，更好地迎合市场所需，为自身带来更大的经济收益。

## 一、市场调查的价值

### （一）市场调查的定义

市场调查是创业者及创业团队在将自己的产品（服务）投入市场前进行的有关市场状况、周边环境和消费者需求的调查，也是创业者及创业团队通过搜集、整理、分析有关市场营销的数据信息，了解市场现状和发展趋势的过程。

### （二）市场调查的价值

1. 了解现状

创业者及创业团队在产品（服务）投入市场前通过市场调查，重点了解自身产品（服务）在现有市场中的定位、竞争对手的基本情况、销售市场的容纳度、消费者的接受度等基本行业资讯，避免决策失误。

2. 科学决策

创业者及创业团队在调查的基础上详细分析并评估市场接受度，改进自身产品（服务），优化销售策略，明确新创企业接下来的发展方向，部署有效战略。

## 二、市场调查的内容

创业者及创业团队开展的市场调查要有针对性，应结合自身产品（服务）的需求、经营环境、竞争对手、经营策略等内容开展精准调查。

### （一）市场需求调查

市场需求调查是指创业者及创业团队就自身产品（服务）在现有市场中的购买需求和趋势进行的调查。

消费者的购买需求包括购买力、购买动机（购买必要性）、需求量和影响需求的因素。而消费者的购买趋势包括购买需求的趋势、走势，改变需求的可能性等内容。

（二）经营环境调查

创业者及创业团队对于经营环境的调查包括宏观环境调查和行业环境调查。

1. 宏观环境调查

宏观环境调查是指创业者及创业团队对影响企业的各种宏观力量的调查，包括经济环境、社会文化环境以及政治法律环境。其中，经济环境包括当下国家实施的国内外不同金融政策、利率走势等内容；社会文化环境包括当地百姓生活习惯、文化交融、产品认可、心理接受度等内容；政治法律环境则包括政府开展的经济活动（各地举办的商业洽谈会）、法律法规的影响，各类政策性文件下发（《鼓励中小微企业创新性发展指南》）等内容。

2. 行业环境调查

行业环境调查是创业者及创业团队对自身产品（服务）所属行业的历史、现状、趋势、结构、行规和管理进行的调查。

**【延伸阅读】**

### 五力分析模型

五力分析模型由迈克尔·波特（Michael Porter）于 20 世纪 80 年代初提出，对企业战略制定产生了全球性的深远影响。该模型主要用于竞争战略的分析，可以有效地分析客户的竞争环境。模型中的五力分别是：供应商的讨价还价能力、购买者的讨价还价能力、潜在竞争者进入的能力、替代品的替代能力、行业内竞争者当下的竞争能力。

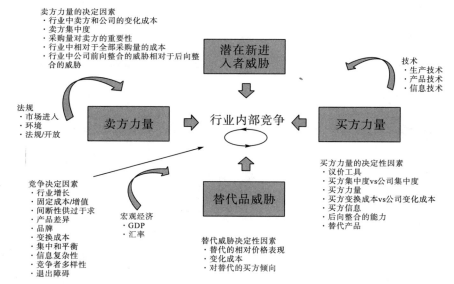

（摘自《竞争战略》，作者：迈克尔·波特，译者：陈丽芬，中信出版社，2014，有删改）

（三）竞争对手调查

竞争对手调查是创业者及创业团队在产品（服务）推出前开展的一项关于竞争环境、竞争对手和竞争策略的调查研究。

竞争对手调查的目的是通过各种渠道搜集信息，查清竞争对手的基本状况，包括产品优势程度、价格浮动空间、生产渠道、营销策略、竞争因素、研发实力、财务支撑力度、人力资源实力等。进行竞争对手的调查要注重礼节、礼貌，彼此之间切不可采取违法手段开展不合理的调查活动，更不得打乱基本的商业竞争秩序。

（四）经营策略调查

经营策略调查是创业者及创业团队开展的针对自身产品（服务）的价格空间、销售渠道、广告策略、商标及外包装等存在的问题及跟进情况的调查。

1. 销售策略调查

销售策略调查包括对营销策略、促销手段和销售方式的调查，在调查的基础上进行资料搜集、直接取证和汇总分析，最终做出科学决策。

营销策略包括销售渠道、销售环节和宣传方式；

促销手段包括有奖销售、折扣销售、附赠销售、低价（底价）销售、亏本销售等；

销售方式包括批发、零售、代销、直销、专卖、线上销售和特许经营等。

2. 广告策略调查

广告是指向公众介绍商品、服务内容或文娱体育节目的一种宣传方式，一般通过报刊、电视、广播、网络、招贴等形式进行。开展广告宣传是行之有效的营销手段，只要方法得当就会出现明显的效果。广告宣传费用在新创企业的运营成本中往往占据较大的比例，广告投入到位，消费者获悉产品（服务），才能持续关注，并在合适时机选择购买，从而实现产品（服务）的销售。

对于创业者及创业团队来说，广告宣传方法要恰当，资金投入要足够，才能达到理想的效果，但也要懂得节约资源，避免一些不必要的浪费。

3. 试用性调查

试用是指在正式产品（服务）面向市场之前，先选择部分受众试用一个时期，看是否合适。创业者及创业团队针对自身研发的产品（服务）开展试用活动，其目的是让更多的消费者了解其产品（服务）。同时，创业业者及创业团队也能收集更多的意见和建议，并对其自身产品（服务）加以调整。

在新创企业发展的过程中，试用环节必不可少，前期的投入也要有专项资金进行支撑，很多新创企业将此环节放在宣传的板块也是可以的。

4. 其他情况调查

其他情况调查体现在产品外观设计、形状、包装、口味、价格等方面，对于消费者来说，主要从产品存在的合理性、接受程度等方面开展调查。

### 三、市场调查的步骤

市场调查工作必须有计划、分步骤地进行，以防止调查的盲目性。市场调查可分为目标拟定、正式调查、分析研判、撰写材料四个阶段。

1. 目标拟定

科学的市场调查需要创业者及创业团队结合自身产品（服务）特点，明确调查对象，拟定需要调查的内容，有针对性地获取关联信息，高效地解决问题。

2. 正式调查

明确了调查目标，准备了相关内容，调查员即可开展调查工作。调查过程要尽量详细，尤其是针对产品（服务）的使用体验感，最好要将其形成相应的数据，为后续的研判奠定基础。

3. 分析研判

分析研判是指对收回的资料进行整理和分析，留下具有参考价值和利用价值的内容，并通过统计图表展现出来。创业者及创业团队要对统计图表进行仔细分析，为产品（服务）的发展方向提出思路。

4. 撰写材料

撰写材料是指根据调查、分析的情况撰写调查报告。调查报告虽没有固定格式，但是在材料中要包括前期准备情况、调查过程、数据来源、图形建模和结论性材料。如果涉及融资方面的内容，则需详细阐明产品（服务）的潜在性因素。

### 四、市场调查的方法

创业者及创业团队开展的市场调查包括询问法、观察法、问卷抽样法、实验法等。

（一）询问法

询问法是市场调查最常用的方法，包括当面访问、电话访问、问卷调查等。

1. 当面访问

当面访问是调查员针对某一对象开展的面对面的交流访问。当面访问有助于调查者观察受访者的言谈举止，通过双方动作、言语的交流，使其得出的各项结论较为真实，而这种方法存在的缺点是速度慢。

2. 电话访问

电话访问是调查员在足不出户的情况下向顾客了解自身产品（服务）信息的过程。该方式主要针对跨地域的重点人群开展，缺点是受访对象可能没有使用过产品（服务），即便事先得到产品（服务）后再进行回访也耗时耗力。

### 3. 问卷调查

问卷是指为统计和调查所用的、以设问的方式表述问题的表格。问卷法就是研究者用这种控制式的测量对所研究的问题进行度量，从而搜集到可靠的资料的一种方法。问卷调查法是国内外社会调查中使用较为广泛的一种方法。问卷法大多用现场问答、邮寄、个别分送或集体分发等多种方式发送问卷，由调查者按照表格所问来填写答案。一般来讲，问卷较之访谈表更详细、完整和易于控制。问卷法是用设计好的问卷工具进行调查，其设计要求规范化并可计量，问卷法的主要优点在于标准化和成本低。问卷调查法也适用于当面访问、电话访问，所有方法不可割裂开来单独使用。

### （二）观察法

观察法是一种直接且极具现场感的调查方法。调查员将自己企业的产品（服务）放到某个现场，让使用者现场使用，再对使用者的使用过程进行实地观察，依据市场调查目标，系统地记录调查对象的各种行为方式。根据场地的差异性，观察法可分为生产现场观察法、包装现场观察法、销售现场观察法、使用现场观察法等。

### （三）抽样法

抽样调查法是从全部单位中抽取一部分样本进行考察和分析，通过部分去归纳整体的一种调查方法。抽样调查法分为概率抽样、非概率抽样和实验法。

### 1. 概率抽样

概率抽样按照概率论和数理统计原理从调查对象中随机抽取样本，通过样本数理关系来对总体特征做出估计和判断。

### 2. 非概率抽样

非概率抽样是指调查者主观判断抽取样本的方法，该方法具有随机性，可分为方便抽样、定额抽样、立意抽样、滚雪球抽样和空间抽样。

### 3. 实验法

实验法是实验后才进行大规模推广的一种市场调查方法。在所有调查方法中，实验法最科学，也最具科技含量。产品（服务）应该在体现其功能的环境中进行实验，通过产品（服务）的功能展现，不断进行实验对比，获取相应的实验数据，并不断进行调整。

【创业茶歇】

#### 关于购买保险

假设你现在要购买一份个人的"人身意外险"，对三家保险公司的产品比较满意，在下单前，你会想到哪些问题呢？

# 第三节 撰写创业计划书

古人云："凡事预则立，不预则废。"创业者及创业团队要创办企业前，拟定一份详细的创业计划书是对创业想法最经济的检验方式，毕竟通过自己的调查、比较、分析，到最终下定决心是放弃还是创业，通过一份详尽的创业计划书即可得到答案。创业计划书的写法有很多，重点应阐明新创企业所需要展示的所有内容，这就涉及企业种类、资金来源、各阶段目标、风险因素、参与人员、产品（服务）创新点等内容。

## 一、开篇

创业者及创业团队的创业计划书开篇部分包括标题、封面、目录。

1. 标题

标题的拟定要醒目，这是打动投资者的关键。

2. 封面

封面设计要将产品（服务）的特点与审美、艺术相结合，视觉表达清晰、简洁。现在"互联网＋"、挑战杯的创业计划书都有固定封面。

3. 目录

目录的来源是正文，通过目录即可了解整篇创业计划书的框架和逻辑。目录在文档编排时要及时更新，切不可出现目录与正文不对应的情况。

一份赏心悦目的创业计划书应在开篇部分精心设计，尤其是标题和封面的优美设计会让投资者产生好的第一印象，这对于接下来的合作至关重要。

## 二、摘要

作为动词的"摘要"指摘录要点，而作为名词则指摘录下来的要点。摘要是整篇创业计划书最为精练的部分，它包含创业计划书的核心要点，投资者通过摘要就能了解到整体内容。

一般根据正文字数来确定摘要字数，近万字的计划书的摘要以 200～300 字较为合适。摘要虽放在正文之前，但一定要最后写，很多投资人会非常仔细地阅读摘要，只有他们对其产生了强烈的兴趣才会往后翻阅计划书。

摘要的主要内容包括企业介绍、创业者及团队介绍、产品和服务、市场分析、营销策略和计划、财务计划、资金需求、风险分析等。

## 三、正文

创业计划书的正文包括投资亮点、企业介绍、团队介绍、项目概况、市场概况、行业分析、商业模式、竞争格局、运营现状、财务计划、生产计划、风险分析、未来规划、融资计划等内容。

1. 投资亮点

投资亮点就是新创企业独有、专一、明显的优势，这些优势可能是独特的产品、技术，也可能是独特的商业模式、市场资源、客户定位、行业背景团队或地理位置。

2. 企业介绍

企业介绍如同自我介绍，目的是让投资者能迅速了解企业。其中，企业目标、愿景、口号等精髓是亮点。

3. 团队介绍

创业者及创业团队要向投资人介绍创业团队的组建情况、人员分工情况、专业结构、年龄结构、性别结构、性格结构等，它们都是投资人关注的内容。此外，决策层、管理层和生产层的人员组成也要明晰。

4. 项目概况

项目概况是创业者及创业团队向投资人就创业项目进行的大致介绍。创业主体首先应重点介绍产品特征，如有实物展示更好，再简要地介绍项目基本情况，言简意赅地阐明项目的核心内容。项目概况的介绍包括名称、性质、竞争力、技术优势、专利数量、市场前景等内容。

5. 市场概况

创业者及创业团队要对自己调查的市场情况结合数据建模进行呈现，包括需求预测和竞争预测，让投资人对创业项目的前景形成基本认识，同时也应向投资人展示该项目的发展潜力。

6. 行业分析

创业者及创业团队应认真梳理产品（服务）在现有行业的基本情况——阐明优势、不足、解决途径等，为商业模式的撰写奠定基础。

7. 商业模式

商业模式旨在阐明创业者及创业团队的产品（服务）在行业中所处的位置，以及能够在同种程度上填补本行业的缺口，这也是产品（服务）在本行业立足的根本所在。

8. 竞争格局

创业者及创业团队对现有市场中的竞争格局要有基本的掌握，让自身产品（服务）融入现有市场中去，并在激烈的竞争环境中脱颖而出，给投资人信心。

9. 运营现状

创业者及创业团队对自身的运营策略、资金配置等方面要进行充分论证，在顾客、成本、便利、沟通方面开展营销。最好是结合相应的市场走访、问卷调查形成适合自己的运营策略。

"淘宝某网店"资金配置表

| （单位：万元） | 第一年 | 第二年 | 第三年 | 第四年 | 第五年 |
|---|---|---|---|---|---|
| 年收入 | | | | | |
| 销售收入 | | | | | |
| 运营成本 | | | | | |
| 净收入 | | | | | |
| 实际投资 | | | | | |
| 资本支出 | | | | | |
| 结余 | | | | | |

10. 财务计划

新创企业的财务账本应由专人负责，并形成历史的、系统的、全面的财务管理规范，包括历史经营状况和未来财务整体规划等信息。

11. 生产计划

创业者及创业团队对于产品的生产要有科学规划，明确它是半委托生产，还是全委托生产；对于自身厂房、设备、生产、投产、质检、改进等内容要全面熟悉。

12. 风险分析

创业者及创业团队从市场、技术、资金、管理和其他方面进行分析，预测风险并列出应对之策。新创企业不可能没有风险，潜在的风险是存在的，因此投资者对于团队抵御风险能力的考察才是关键。

13. 未来规划

未来规划是创业者及创业团队对自己产品（服务）的升级（更新换代）情况、盈利后的再投入计划，以及利益分配等方面的介绍。

14. 融资计划

融资计划是指创业者及创业团队向投资人阐明自己的融资数额，这个数额是基于对自己产品（服务）的客观分析形成的，在拿到投资后，针对其具体使用也要进行合理规划。

## 四、附录

附录在创业计划书中具有非常重要的作用，涉及正文中出现的数据来源，如调查问卷的问题摘录等内容。

【创业茶歇】

创业计划书框架

①概述

②企业描述

③产业分析、产品分析、市场分析

④创业团队

⑤营销计划、生产经营计划、研发计划

⑥财务分析

⑦风险分析

⑧退出策略

注：创业计划书有多种写法，关键是阐述清楚自己的现状、期望，以及最终想要达成的愿景等内容。

# 第四节　创业计划书展示

创业计划书撰写完成后，面对投资者的"盘问"，创业者及创业团队还得要有一位出色的"外交官"来进行展示、推广，如此，创业项目才有可能获得相应的融资，并在创业比赛中脱颖而出，获得优异的成绩。

## 一、创业计划书的撰写技巧

### （一）撰写原则

创业者及创业团队在撰写创业计划书时应遵循目标明确、优势突出；内容真实、体现诚意；要素齐全、内容充实；语言平实、通俗易懂；结构严谨、风格统一；有理有据、循序渐进；详略得当、篇幅适当的原则。根据自身产品（服务）所具有的专利数量、研发难易程度等，控制好整个创业计划书的总篇幅。

### （二）撰写技巧

#### 1. 吸引投资者

当创业者及创业团队撰写的创业计划书摆在投资者（创业比赛的评委）面前时，他们在前期未曾对该创业项目、创业计划书有过了解的前提下，阅读的时间一般是 3 分钟左右：翻看封面 30 秒，查看目录 60 秒，阅读摘要 60 秒，剩下 30 秒是思考要不要往下翻阅。因此，创业计划书的封面、摘要尤为重要。

#### 2. 内容要完整

根据前一节所阐述的内容，创业计划书的正文应全面、深入、循序渐进。

### 3. 创业者因素

创业者及创业团队是创业项目的核心因素。对于优秀的创业团队来说，在创业计划书中凸显创业者的文化素质、专业储备、操作技能、协调能力等因素尤为重要。

### 4. 交流和沟通

创业者及创业团队不管是为了创业比赛，还是为了创业融资，在条件允许的情况下，都需要学习和阅读竞争对手、同行的创业计划书。阅读的目的并不是要照抄、照搬对方的做法、写法，而是要从中看到对方的闪光点，找到自身的不足，并不断完善。

### 5. 明确回报率

对于投资者来说，大多希望 5 年内自己的投资能增长 6 倍，计算公式为"［6＝（1＋x)$^5$］，x＝43.1％"。因此，创业者及创业团队将自己创业项目的回报率定在 40％～50％之间是比较合理的。

### 6. 展示资产表

创业者及创业团队在准备展示资产表的时候要注重对资产负债表和项目团队的介绍，毕竟这是创业计划中非常重要的内容。

### 7. 做正反准备

创业者及创业团队的创业计划书应围绕自身产品（服务）来书写，并对产品（服务）优势进行充分的论证，但是投资者依然会就市场接受度、精准消费对象、初期投放定价等问题展开提问。因此，在汇报创业计划书时，创业者及创业团队可针对投资者提前做一些功课，了解其专业背景、创业经历、担任评委的经历、为人处世等，为积极应对投资者的"盘问"做好准备。投资者也可能就创业失败、同行优势明显等方面提出比较尖锐的问题，创业者及创业团队可提前想好回答的内容。

除此之外，创业者及创业团队也应积极调整心态，对于创业（比赛）失败，或是融资失败要辩证地看待，找到自身存在的不足之处，接受投资者的意见或建议，进一步优化自己的创业计划书，为下一次的展示积蓄力量。

## 二、创业计划书的常见问题及对策

投资者在了解创业项目的过程中肯定会对创业计划书中表述不清楚的地方进行提问，以便全面了解和评估项目的可行性。

### 1. 企业概况

对于新创企业来说，创业者及创业团队必须了解新创企业所需要的法律文书、许可证件等，否则容易出现企业名称不符合要求、经营范围未授权等状况。

按照国家法律规定，企业名称应当包括"行政区划＋个性名称＋产品/行业特点＋企业的法律形式"，只有公司制企业的名称中才能出现"公司"二字。此外，我国对于烟草、书籍等特定产品，或是涉及国计民生的特定行业实行"许可制"，一般人不能从事这方面的经营业务。而 KTV、酒吧、茶坊、旅馆等领域虽没有入门许可，但对于没有丰富社会资源的大学生来说却存在极大的挑战。

### 2. 产品和服务

产品（服务）的质量是核心因素，在进行创业展示时应在产品（服务）介绍、开发背景、发展状态、自身优势、未来趋势、同行水平等方面进行全面且深入的阐述。

自身产品（服务）一旦出现技术不过关、无专利证明、拿来产品（服务）无授权、投资额太大、缺乏核心技术、售后体系不完善等情况时，极易被投资者否定。

### 3. 商业构想和市场分析

创业者及创业团队对于自己产品（服务）的目标对象在创业前的构思中就要明确下来，做好市场细分，充分调查这些目标对象的购买力，找到产品（服务）定价的合理区间。

一旦出现目标人群摇摆不定、需求不稳定、市场调研不深入、缺乏对对手的了解等状况时，创业失败的可能性也较大，创业计划书也就极易被投资者放弃。

### 4. 企业选址

创业者及创业团队对于自己新创企业的选址要结合消费者、成本、便利和沟通的营销策略，即"4C 理论"，以顾客的满意为首要标准。

创业项目中消费群体购买不方便、产品单一、成本过高等因素可能会阻碍投资者投资。

### 5. 营销方式

在前期调查的基础上，创业者及创业团队已经能较为准确地为产品（服务）合理定价。初创企业想要挣到第一桶金，可在售后服务、营销手段等方面进行创新，达到吸引消费者的目的。

一般而言，新进入市场的产品（服务）未能成功的原因包括定价过低/高、推广策略简单化且平面化、营销策略急于求成等。

### 6. 股份构成

创业者及创业团队要建立完善的股权机制、利益分配机制，避免出现决策"一言堂"，保证投资者的利益。因为团队中的"一言堂"极易导致决策的片面性，打击团队成员的积极性。

团队的积极性、高效运行是投资者关注的焦点，但很多时候会出现股东权责模糊、分配机制模糊、股东一家独大等不合理现象。对此，创业者及创业团队应有意识地避免。

### 7. 团队结构

创业者及创业团队在专业结构、年龄层次、经验构成、各自资源、性别等方面的组合至关重要，具备多学科知识背景的团队更容易在竞争中取得优势。

大学生创业团队很多时候由本专业、本班、本寝室的同学组成，团队成员的专业结构单一，分工很难兼顾各学科，团队成员无学科、经验、资源跨度等。

8. 成本预测

创业者及创业团队在融资前要进行仔细核算，计算各方面的支出，使创业资金预算能接近实际支出。

新创企业在没有前期经验时，极容易出现成本估算过高/低的情况。成本估算过高对于自身创业而言是个考验，对于投资者来说也是需要权衡的地方；成本估算过低，在实际运作过程中容易发生亏本的情况，可能导致创业失败。

就成本这块而言，创业者及创业团队要面临的知识点有很多，如现金流管理方面，现金支出估计不足、无风险资金；盈利方面，过于乐观，谨慎使用40％～50％毛利、1年回本、20％净利润等词语；资产负债方面，懂得资产负债表编制原理是"资产＝负债＋所有者权益"；法律保障方面，产品（服务）是否侵权，责任主体、利益分配是否明确等。

## 三、创业计划书的路演技巧

路演是创业者及创业团队向投资者和消费者展示、说明自己产品（服务）的一项活动。创业者及创业团队撰写创业计划书的目的是获得投资者的认可，或向消费者说明自己的产品（服务），但厚厚的创业计划书不利于直观、准确地向投资者和消费者展示，于是便有了路演。一般而言，路演包括准备阶段和展示阶段。

（一）路演准备

路演的过程是将自己创业计划书的内容进行展示的重要环节。

1. 路演之前

创业者及创业团队在路演之前要搜集评委、投资人、消费者信息并进行分析，便于掌握对方基本情况后开展后续的准备工作，如评委、投资人、消费者与创业团队成员的私人关系，或产品（服务）的关联性等，简而言之，要找到能联系的一切关系。

2. 路演过程

创业者及创业团队在路演展示过程中派出的人至关重要。

选择能做的人去做。展示的核心元素是人，团队的领导者要对路演的流程熟记于心，在人员分工、现场布置等方面起到统筹的作用。

选择善于演讲的人去演讲。好项目的持有人并不见得就是阐述产品（服务）的最佳人选，要在创业者及创业团队中选择能说、会说、巧说的人上台展示。

选择电脑操作熟练并有创意的美编设计宣传资料。制作漂亮、规范、新颖的PPT也能打动投资人。通常来说，擅长现场布置、电脑软件制作的团队成员，可以将现场布置得更生动、有趣、充满激情，在评委、投资人、消费者到来之时吸引他们的注意力。

【延伸阅读】

### 6－6－6法则

每行不超过 6 个词语，每页不超过 6 行，连续 6 张纯文字的 PPT 之后需要 1 次视觉停顿。一场 20～30 分钟的演讲最多不超过 12 张 PPT。

（二）路演内容

现场的图文、声音、产品（服务）样品都是评委、投资人、消费者最感兴趣的部分。

1. 概述部分

简要介绍产品（服务）、演讲要点、该商业活动带来的潜在收益（经济效益、社会效益）等。

2. 说明问题

对于现阶段存在的问题进行说明，包括亟待解决的问题（发现、提出、分析、解决问题），通过调查证实的问题（潜在客户的需求是什么、专家的建议是什么），以及问题的严重性。

3. 分析问题

对上述问题进行分析，提出解决方案，阐述本企业的解决方案相比于其他解决方案的优势，展示企业的解决方案可在多大程度上改变顾客的生活，并进一步说明解决方案有什么进入壁垒。

4. 目标市场

在前期调查的基础上，划定自身产品（服务）的目标市场，并对目标市场的前景进行展望。展示时，可通过图表呈现目标市场的规模、预期等信息，以及拟采取的措施等。

5. 专利技术

专利技术的介绍是重中之重，也是撬开市场的核心竞争力。介绍时，应重点说明本产品的独特之处（描述通俗易懂）。最好有样品展示，并说明这项技术涉及的知识产权问题及企业可采取的保护措施。

6. 对手竞争

委婉展示竞争对手产品（服务）的不足之处，对比自己产品（服务）的优势，并详细阐述。

7. 市场和销售

描述市场整体计划、定价策略、销售过程及销售渠道、消费者购买动机、方法及产品到达的方式方法。

8. 管理团队

科学地介绍本团队的组成，包括团队专业构成方面所具有的学科优势，以及管理层面设立的顾问委员会、决策层、管理层、工作层等内容。

### 9. 财务规划

介绍新创企业的财务管理制度及人员架构、已经获得的融资情况、未来 3～5 年企业总体盈利情况等。

### 10. 现状

对现状的阐述是新创企业迈出的第一步，也是征服他人的利器。用数据突出已经取得的进展，介绍启动资金的来源、构成和使用情况，介绍所有权结构、企业采用的法律形式及其原因。

### 11. 总结

总结可以增强现场评委、投资人、消费者对新创企业的信心。结合上述陈述，总结企业的最大优势、团队的最大优势以及企业退出策略等。

## 【创业茶歇】

### 路演练习

练习一：假如我们是康复理疗专业的同学，我们的创业项目是"中医理疗"，主要面向长期久坐的白领人士，并要在现场为评委、投资人、消费者进行缓解疲劳的按摩服务。

练习二：假如我们是工业设计专业的同学，我们的创业项目是"智能水杯"，现已生产出 10 个样品，要在现场为评委、投资人、消费者展示使用方法。

按原有分组进行展示，思考如何吸引评委、投资人、消费者的注意力。

# 第九章 创立企业

## 概　述

　　创业者及创业团队在成立新企业时可以选择不同的组织形式，但必须在现行法律框架下进行。现行的企业组织形式有独资企业、合伙企业、公司。对于新创企业来说，更多地应考虑让企业长期存续下去，在创业初期要注重自身形象，狠抓产品（服务）的核心竞争力，以实力取胜。任何新企业必须经国家相关部门批准才能进行商业活动。企业注册是指创业者及创业团队根据国家法律、法规办理核名、开户、刻章等合法手续的集合。影响新创企业发展的因素有很多，而注册地址绝对算得上是一个重要因素。注册地址即公司营业执照上登记的"住址"，不同城市对注册地址的要求略有差异，具体实施办法以当地工商局的要求为准。新企业建立后，面临的首要问题即生存。产品（服务）设计要在创新的基础上迎合消费者需求，融资要在需求的基础上维护投资者利益，定价方面要在合理的基础上实现薄利多销，销售要在以推广为主的基础上占领市场。

**【课堂设计】**

| 序号 | 授课内容 | 展示方式 | 时间（单位：分钟） |
|---|---|---|---|
| 1 | 新闻新鲜事 | 根据最近时事讲解 | 5 |
| 2 | 回顾上次课程内容 | 教师、学生讲解 | 5 |
| 3 | 第一节　注册企业基础知识 | 讲授 | 15 |
| 4 | 第二节　企业注册流程 | 讲授 | 15 |
| 5 | 休息 | \ | 5 |
| 6 | 第三节 新企业生存管理 | 讲授 | 20 |
| 7 | 视频观看 | 播放视频 | 15 |
| 8 | 本章总结 | 讲解、讨论 | 5 |

| 序号 | 授课内容 | 展示方式 | 时间（单位：分钟） |
|------|----------|----------|---------------------|
| 9 | 教师点评 | 讲授 | 5 |
| \ | \ | \ | 90 |

【活动筋骨】

手操：搓揉双耳 32 次。

说明：耳垂的穴位有很多。

主治：眼点、颜面部及脑部等部位的循环。

【创业茶歇】

怎么给网店办营业执照？

步骤一：在网上申请网店；

步骤二：由网站提供网店的网址证明；

步骤三：到营业者户口所在地的工商所办理营业执照。

【讨论】

我们是不是可以不用办理营业执照？反正相关部门也不会查到我们大学生的校园里面来。

# 第一节　注册企业的基础知识

创业者及创业团队在成立新企业时可以选择不同的组织形式，但必须在现行法律框架下选择适合新创企业的组织形式。

## 一、企业组织形式选择

创业者及创业团队可根据自身的情况来决定新创企业的组织形式，现行的企业组织形式有独资企业、合伙企业和公司。

（一）独资企业

1. 独资企业

独资企业是指一人投资经营的企业，投资人即负责人，企业负责人与身份证信息要相符，所有收入归个人所有，投资人承担经营风险并对企业债务负无限责任。按照我国现行税法有关规定，私营独资企业取得的生产经营所得和其他所得，应按规定缴纳私营个人所得税。

2. 应用领域

独资企业的主要应用领域在零售业、手工业、农业、林业、渔业、服务业和家庭作坊等方向。

3. 优势特点

独资企业的建立与解散程序简单，不受时间、地域、资金审核等烦琐程序的影响；且独资企业经营灵活，投资人完全可以根据个人意志确定经营范围、发展方向等内容。

4. 不利因素

首先，独资企业对于债务负无限责任，当企业的资产不足以清偿债务时，需要使用个人债务进行清偿。其次，独资企业规模有限，投资人经营所得、个人财产、有限精力、管理水平等原因都制约着企业规模的扩大。最后，独资企业寿命有限，投资人个人的得失安危决定了独资企业的发展、存续。

5. 年度检验

独资企业应在每年 3 月 15 日前向登记机关报送年检材料，年检时间是每年 1 月 1 日至 4 月 30 日。年检就是检查投资人名称、经营场所是否一致；是否按注册经营范围和方式从事经营活动；出资额、出资方式有无变化；证照有无出租、涂改、出借等行为。

（二）合伙企业

1. 合伙企业

合伙企业是指自然人、法人和其他组织依照法律在中国境内设立的普通合伙企业和有限合伙企业。合伙企业由各合伙人订立合伙协议，共同出资、共同经营、共享收益、共担风险，并对企业债务承担连带责任的营利性组织。

2. 设立条件

合伙企业的设立条件如下：有 2 个以上合伙人，并且都依法承担无限责任；有书面合伙协议；明确各自缴付的出资金额；商议共同的企业名称；有经营场所和从事合伙经营的必要条件。

3. 优势特点

合伙企业一般无法人资格，不缴纳企业所得税，仅缴纳个人所得税，有普通合伙企业和有限合伙企业两类，其中普通合伙企业又包含特殊的普通合伙企业。值得注意的是，国有独资公司、国有企业、上市公司以及公益性事业单位、社会团体不得称为普通合伙人。

合伙企业可以由部分合伙人经营，其他合伙人仅出资并共负盈亏，也可以由所有合伙人共同经营。

合伙企业生命有限，合伙、解散都比较容易实现。合伙企业要签订合伙协议，但是新合作伙伴的加入、旧合伙人的退出、死亡、自愿清算、破产清算等均有可能造成合伙企业的解散。

合伙企业相互代理，经营活动由合伙人共同决定，合伙人有执行和监督的权利，也可举荐负责人，由全体合伙人承担民事责任。

合伙企业财产共有，对于合伙人投入的财产，由合伙人统一管理和使用，任何人不得擅自将共有财产挪作他用。

4. 不利因素

合伙企业的无限连带责任导致彼此不熟悉的人一般不敢轻易入伙。有限责任人入伙，没有参与实际管理，可能连公司盈利、亏损都不清楚；无限责任人往往会觉得有限责任人只出资不出力，在监督、主动性等方面偏弱。

合伙企业在责任承担方面极易出现两个极端，合伙企业的亏损需要共同承担债务，只要一方因能力欠佳偿还不到位时，另外的合伙人要帮助偿还。

（三）公司

公司是指依法设立，以营利为目的，独立承担民事责任的从事生产或服务性业务的经济实体。我国法定公司形式有有限责任公司和股份有限公司。

1. 有限责任公司

有限责任公司，简称有限公司，是由 50 个以下股东出资设立，每个股东以其所认缴的出资额为限对公司承担有限责任，公司法人以其全部资产对公司债务承担全部责任的经济组织。

有限责任公司适合于中小型非股份制公司，运营成本低，机构设置少，结构简单。它的优点是设立程序简单，不必发布公告，也不必公布账目，尤其是公司的资产负债表一般不予公开，公司内部机构设置灵活。而缺点是它不能公开发行股票，筹集资金范围和规模一般都比较小，难以适应大规模生产经营活动的需要。

每年 1 月 1 日至 6 月 30 日，企业应当报送上一年度的年度报告，内容包括公司基本情况简介、主要财务数据和指标、股本变动及股东情况等。此外，有限责任公司应当设立股东会、董事会、经理、法定代表人、监事会等。

2. 股份有限公司

股份有限公司是指公司资本由股份组成的公司，股东以其认购的股份为限对公司承担有限责任。股份有限公司的发起人应当有 2～200 人。

股份有限公司是独立的经济法人，股东人数不得少于法律规定的数目，公司全部资本为等额股份，股东对公司债务负有限责任，任何人缴纳股款后即可成为股东，公司账目定期向社会公示，设立和解散都有严格的法律程序。

股份有限公司适用于成熟、大规模类型公司，设立程序较为严格和复杂。它的募集资金方式有发行股票和公司债券两种；组织机构包括决策机构、执行机构和监督机构。

【延伸阅读】

了解相关法律法规

《中华人民共和国公司法》（2018 年 10 月 26 日第十三届全国人民代表大会常务委

员会第六次会议《关于修改〈中华人民共和国公司法〉的决定》第四次修正）

《四川省加强公司企业登记管理的暂行规定》（1985 年 8 月 16 日川府发〔1985〕137 号）

## 二、创业者需考虑的伦理问题

### 1. 创业者与原雇主之间

创业者从原单位离职后自主利用其自身的知识、经验和技能开展就业工作，而赢得客户信赖并形成竞争优势的，只要不侵犯原企业的商业秘密、不违反法定或约定义务，即使不一定合于个人品德的高尚标准，也不违背诚实信用的原则和公认的商业道德，不能认定为不正当竞争行为。

同时，《中华人民共和国反不正当竞争法》第二条规定：经营者在生产经营活动中，应当遵循自愿、平等、公平、诚信的原则，遵守法律和商业道德。

创业者与原雇主之间的不道德做法有：使用原雇主资源；带走原雇主管理团队；占用原雇主营销渠道；借用原雇主的名义进行宣传等。上述做法情节严重的，还会因其行为违背相关法律法规和市场经济规则而受到惩罚。

### 2. 创业团队之间

创业者及创业团队应充分尊重团队成员的合法劳动，及时发放工资，主动为团队成员办理社会保险，并为员工的成长提供一定的途径、空间，帮助其实现人生价值。

### 3. 创业者和其他利益相关者之间

创业者及创业团队要积极处理好本单位之外的关系，按时偿付供应商或其他债权人的账款；产品生产要保质保量，本着为客户着想的原则，为客户创造价值；积极开展公益活动，维护社区生态环境等。

## 三、企业的社会责任

### （一）基本内涵

企业的社会责任是指一个组织对社会应负的责任。一个组织应以一种有利于社会的方式进行经营和管理。社会责任通常是指组织承担的高于组织自身目标的社会义务。它超越了法律与经济对组织所要求的部分，是社会对组织管理道德的要求，完全是组织出于义务的自愿行为。

此外，企业的社会责任也指企业在创造利润、对股东利益负责的同时，还要承担起对企业利益相关者的责任，保护其权益，以获得在经济、社会、环境等多个领域的可持续发展能力。

### （二）主要内容

企业履行社会责任，不仅可以提升自身形象，还能增强市场竞争力，在激烈的市场竞争中占据一席之地，最终实现自身的长远发展。

1. 经济责任

经济责任是企业应承担的最基本的、最首要的责任，具体包括为股东提供经济回报，为员工创造工作环境并提供合理报酬。

2. 法律责任

法律责任是企业经营活动应遵循的法律法规，具体包括依法纳税、安全生产、在国家法律允许的范围内经营和发展。

3. 伦理责任

伦理责任是企业应当承担的第三层责任，具体包括尊重他人、维护员工合法利益、避免对社会造成灾害、节约资源、保护生态等符合伦理要求的责任。

4. 自行裁判责任

自行裁判责任是企业应承担的最高级责任，这是一种企业自愿履行的责任，法律规范、社会期望甚至伦理规范并没有对企业承担的责任提出明确的要求，因此企业决定具体的创业活动，拥有自主裁判和选择权。

企业履行社会责任，有利于专心搞研发，开发出符合市场需求的产品（服务）；有利于增加消费者的认同感，实现盈利增收的目的；有利于自我督促，保证产品（服务）质量；有利于树立员工的自信心，激发员工爱岗敬业等。

（三）相关举措

企业承担社会责任不仅是对投资者负责、对社会负责、对消费者负责，还是对员工负责。

1. 完善组织规章

企业必须采取完善组织规章制度、建立薪酬激励机制、营造企业文化等措施，提高员工在企业中的待遇、地位，增强员工的满足感。

2. 建立薪酬机制

企业必须保障资本保值、增值，并进行利润分配，公正合理地分配投资者的利润和附加利润。

3. 满足市场需求

企业应把满足消费者物质和精神需求作为责无旁贷的义务，尊重与维护消费者的合法权益，承担起对消费者的责任。

4. 保护生态平衡

企业应承担起对生态文明建设的责任，并对生态保护产生积极影响。

5. 回馈基层社区

企业必须成为所在社区建设的主动参与者，与之建立起广泛的联系，并采取适当方式对社区环境进行优化。

6. 接受社会监督

作为社会组织和社会公民，企业应承担政府有关法律和政策规定的责任，接受政府有关部门的监督、指导与管理，合法经营、依法纳税。

对于新创企业来说，更多地应考虑如何让企业长期存续下去，在创业初期注重企业形象，狠抓产品（服务）的核心竞争力，以实力取胜。

【创业茶歇】

### 关于凝聚力

请谈一谈企业团建是否有利于增强其凝聚力、战斗力。

# 第二节　企业注册流程

任何新企业的商业活动必须经国家相关部门批准才能进行。企业注册是指创业者及创业团队根据国家法律、法规办理核名、开户、刻章等合法手续的集合。

## 一、取名核名

新创企业名称由"区域＋字号＋行业＋类型"组成，创业者及创业团队可在"国家企业信用信息公示系统"上查询自己拟定的字号有无注册，当然也可事先拟定几个备选名字。

## 二、注册资本

注册资本是全体股东出于公司经营需要，提供或承诺提供给新创公司的资金总数。我国目前注册公司的资本实行认缴制。

1. 注册资本不需要一次性缴清

所谓认缴制是指注册资本不用在成立公司时全部缴纳完成，只需承诺在公司开业后的一定时间（一般是 10～20 年）内缴完即可。这种方式缓解了注册公司时的资金压力。

2. 注册资本不是越大越好

需要注意的是，公司名称为"＊＊有限公司"或"＊＊有限责任公司"，这里的有限责任公司的股东对于公司债务只承担有限的责任，而有限的最高额度就是公司的注册资本。

如果新创企业经营顺风顺水，收益可观，且能争取更多的项目，便可采取增加注册资本的办法。毕竟，在开展企业间的合作时，对方可能较为关注注册资本，也就是公司实力。

不过，最后公司清算也要参照经营收益，并且印花税也是根据注册资金收取的，因而不建议注册资本过高，例如，某家企业建议认缴注册资本 100 万符合自身定位，一旦企业经营不善，亏损 200 万，其偿还的最高额度也就只有 100 万。

## 三、工商手续

办理工商营业执照是新创企业必经的法定程序，也是银行、税务、刻章、社保等系列程序的基础。

### 1. 名称确认

企业名称一旦登记注册就具有唯一性和排他性，受法律保护。创业者及创业团队在拟定好公司名称后，持法人证件（法人不能前往现场办理的情况要提交委托书）到工商注册窗口办理相关手续。

### 2. 提交材料

当新创企业涉及法律、法规以及政府职能部门某些前置许可项目的条件时，创业者及创业团队需要提交许可证或者批复文件。

### 3. 审核获批

创业者及创业团队在履行完公司内部程序后，由全体股东指定的代表或是委托人向工商管理机关提交登记申请书等相关材料。工商管理机关签发营业执照就代表公司获准成立，签发日期为公司成立日期。

核名通过后，企业会收到工商局通知，并得知哪个字号通过了审核（这大概在 3～5 个工作日内能办下来）。拿到核名通知书后，创业者及创业团队再将税务局规定的所有注册资料一起提交至工商局窗口。在资料齐全的情况下，5～7 个工作日左右，企业就能拿到营业执照正副本。

## 四、刻章开户

### 1. 刻章

新创企业领取工商营业执照后需要刻章，一般公司都是刻四个章：公章、法人章、财务章、发票章。不过这些章需要到工商和公安指定的刻章公司去刻，因为指定刻章点刻出来的章拥有专属条纹，意味着它是被国家认可、认定的，是公司的证明。

### 2. 开户

新创企业需到银行开立公司专用账户。

## 五、税务

完成公司注册后，创业者及创业团队需要办理税务报到，并提供一名会计的信息，公司成立一个月起需要这名会计每月记账并向税务机关申报纳税；同时，在 30 天内到所在辖区开设公司社保账户，办理《社保登记证》，并与社保、银行签订三方协议，后续涉及社保费用则从银行卡自动扣除。之前是国税地税的都要报到，不过目前两者已经合并，公司直接在税务局报到即可。

## 六、保险登记

根据《中华人民共和国社会保险法》，新企业注册后必须办理社会保险。用人单位应当自成立之日起 30 日内凭营业执照、登记证书或者单位印章向当地的社会保险经办机构申请办理保险登记。

## 七、企业选址

影响新创企业发展的因素有很多，其中注册地址绝对算得上是一个重要因素。注册地址即为公司营业执照上登记的"住址"，不同城市对注册地址的要求略有差异，具体实施办法以当地工商局的要求为准。

（一）影响新企业选址的因素

创业者及创业团队选择经营的地点可从地区和地址两方面进行考虑。关于地区，创业主体应主要考察各国家或地区或省市的政治、经济、文化、技术等总体发展情况；而关于地址，则应考虑商业中心、住宅区、路段的交通、社区文化、商业环境、人口状况、消费群体、配套资源等因素。

此外，创业者及创业团队选择生产的地点还需要考虑政治因素、经济因素、技术因素、社会文化因素、自然因素和人口因素。

（二）新企业选址要点

新企业的选址不仅要巧，还要好，这对于企业未来发展非常重要，在企业未来寻找合作伙伴时也能发挥重要作用。

1. 收集与研究市场信息

创业者及创业团队要结合自身产品（服务）主要针对的对象来进行选址，可根据交通是否便利、停车是否方便、配套设施是否完善等客观条件来进行筛选。此外，市场或是某个商圈现阶段需求的饱和程度也是选址的决定因素。

2. 考察与评估候选地址

创业者及创业团队对于候选地址可采取列表的方式来进行筛选，实地走访、量化数据，将候选地址在消费潜力、租金、交通因素等方面进行综合考量，并结合自身企业产品（服务）的优势来分析地址的优劣。

### 3. 咨询与听取多方建议

创业者及创业团队可积极询问成功人士对候选地址的看法，虚心听取对方的意见和建议，并在列表上进行标注，为自己的最终决策提供参考。

### （三）新企业选址的具体程序

第一步，列出"必需的"和"希望的"选址条件；

第二步，对照选址条件确定被选地点；

第三步，造访被选地点，挑选三处较好的位置；

第四步，按照"必需的"和"希望的"选址条件，对选上的几个地点进行比较；

第五步，白天、晚上分时段到各点实地观察，计算客流量；

第六步，咨询有经验的人士，获得帮助；

第七步，综合分析各种信息和意见；

第八步，做出选址决策。

**【创业茶歇】**

思考：新创企业不办理保险是否可行？

新创企业取得法定许可后即受到国家法律保护，公司在社会保险机构办理登记并缴纳保险金后，企业员工在企业里工作才能更加踏实。

# 第三节 新企业生存管理

新创企业面临的首要问题就是生存。产品（服务）设计要在创新的基础上迎合消费者需求；融资要在需求的基础上维护投资者利益；定价方面，要在合适的基础上实现薄利多销；销售要在以推广为主的基础上占领市场。

## 一、新企业管理

### 1. 以生存为主要目标

新创企业的经营围绕着技术、营销、销售、售后中的一方面或多方面集合而成，不管基于何种模式，生存都是第一位的，一切都围绕生存运作，要避免一切危及生存的事情发生。对于新创企业的财务要求则是"以收抵支、及时偿债"。

### 2. 创造自由现金流

企业创立初期，创业者及创业团队往往没有足够的财力支撑，信用记录少、融资途径少、银行借贷少等客观因素也制约着新创企业的发展，因此新创企业想要发展，就只能控制好自身的现金流。创业者及创业团队将现金流问题提高到怎样的高度都不为过，因为这是新创企业生产经营活动的第一要素，是新创企业生存的生命线。

3．强调团队的作用

新创企业的管理者要充分调动团队每一名员工的积极性、主动性，使其开展行之有效的工作。明确技术团队、营销团队、销售团队、售后团队的职责范围，在工作中形成优势互补，增强员工之间的互助、合作，充分发挥员工的特长及优势，形成高效的团队运作模式。

4．管理需要深入与分权

创业者及创业团队需在创业初期对企业产品（服务）的设计、生产、营销及售后经营状态了如指掌，才能为企业的成长打下基础。但随着企业的不断发展，创业者就可以在各个工作环节中设立相关的负责人，并向他们进行相应的授权，从而调动各部门的效率、积极性。

## 二、成长驱动因素

新创企业的成长需要创业者、创业团队、市场、资源的整体驱动。

1．创业者驱动

创业者是新创企业的决策者和领导者，对驱动新企业的成长具有重要作用，包括创业者的能力驱动和成长欲望驱动。创业者的创业导向越强，越具有不满足于企业经营现状的激情，就越能驱动企业的发展创新。这种内在的动力不仅来自创业者对自身产品（服务）的认可，还来自对自己团队的信任，这种驱动力能促使企业进入快车道的发展模式。

2．创业团队驱动

创业团队是影响企业成长的重要因素，创业团队的特征、凝聚力、战斗力将影响新创企业的成长。这种驱动主要表现在产品（服务）设计过程、营销过程、售后过程中，以及创业团队创业精神的体现、专业水平的展现和组织方式的实现等方面。

3．市场驱动

市场是新创企业发展的根本，自身产品（服务）要在市场中占有一席之地才能为新创企业带来利润。因此，新创企业必须在产品（服务）上狠下功夫，在实践中不断地检验产品（服务）并提升其质量，才能给企业带来源源不断的现金流，实现企业长期发展、不断壮大的目的。

4．资源驱动

新创企业的成长还取决于其所控制和能够利用的组织资源。充裕的组织资源与新企业的市场占有率、销售量和现金流有直接的关系。新创企业能够有效地利用自身资源和外部资源为新创企业在产品（服务）研发、营销战略、保障服务方面开疆扩土，这有利于企业在激烈的市场竞争中取得优势地位。

### 三、管理技巧和策略

新创企业成长需要整合并管理好内、外部资源，其中，内部资源包括企业文化、产品（服务）研发、人力资源管理、营销队伍激励、完善的售后保障体系等；而外部资源则包括市场的推动、资金的周转等。

（一）整合外部资源

创业者及创业团队建立新企业后在规模、资源方面必然会出现短板，此时不仅需要寻求外界的支持，还要学会整合外部资源，发挥资源的杠杆效应，可采取的方式方法包括缔结战略联盟、公开上市、特许经营等。

1. 缔结战略联盟

新创企业缔结战略联盟可分为横向和纵向两个方向。横向联盟可联合同行业在某一时间段、某一特定场合举办营销展览，并在场地租赁、氛围营造等方面共同承担相关费用。纵向联盟则可联合上下游的不同企业，在原材料供给、产品（服务）营销等方面共享利益、长期合作。

2. 公开上市

新创企业发展到一定阶段后，在规模不断壮大、效益不断提升的基础上，可在具备上市条件时选择以公开上市的方式进行融资。上市是企业发展历程中非常重要的环节，它不仅可以为企业发展提供大量资本，提升企业的知名度和可信度，还能为股东带来可观的收益，增强企业员工的自豪感、幸福感。

3. 特许经营

特许经营是指企业需要政府职能部门的批复，或是相关行业的批准才能开展经营活动。创业者及创业团队可借用特许商品特有的优势开展营业活动，在广告宣传、产品（服务）研发、企业运营、售后保障等方面下足功夫。

（二）合理利用资源

新创企业在激烈的市场竞争中要善于利用好手中的资源，及时实现从创造资源到利用资源的转变，这就要求创业者及创业团队要在开发创造各种生产经营必需资源的同时，采取必要措施来加强对各种资源的管理，并充分利用已开发的资源为企业创造更大的价值，实现创造与利用并举。

（三）建立企业文化

新创企业建立后，不论规模大与小，一定要建立适合自身的比较固定的企业价值观和文化氛围，这是企业正确处理企业与员工之间、企业与客户之间、企业与市场之间等一系列关系问题的准则。企业文化主要表现为企业宗旨、企业精神、企业经营理念、员工价值观等方面的价值判断。

（四）善于化解危机

创业者及创业团队在企业运营过程中会遇到很多困难、阻碍，它们有的是在内部团队中出现的，也有的是在市场中遇到的，这就考验着新创企业的核心团队成员。为应对这些困难和阻碍，他们应注重用成长的方式解决成长过程中出现的问题，推动并领导变革。

变化为企业带来许多管理上的挑战，企业发展会遇到各种阻碍，创业者应不断克服阻碍企业发展的人力资源、经营管理等压力，变压力为动力，实现企业的可持续发展。

（五）量与质的转变

新创企业要注重产品（服务）质量的提升，避免出现过分追求速度的情况，还要加强企业经营机构、组织结构、技术结构等方面的更新与完善，依靠企业内部资源配置的变化和核心竞争力的培育，使企业从过分追求速度向增加企业价值的方向转移和扩展，以获得长期、稳定的发展。

创业者及创业团队要在市场的磨炼中不断成长、不断提升，让自身企业发展得更快、更好。

**【创业茶歇】**
### 某奶茶品牌的逆势崛起

某奶茶品牌在大环境比较艰难的情况下，接连在县一级城市的新兴商圈、学校门口等地开设连锁店。店铺装修好以后，该奶茶品牌随即开启全国招商，很多投资人都报名加盟。一个 20 余平方米的奶茶店，装修、电器、原材料等成本的投入费用达 20 余万元，有些店铺甚至高达 30～40 万元。如此高昂的成本，依然能够吸引很多人加盟。请你分析一下这背后的原因。

# 第十章　创业风险

## 概　述

  风险不仅是一种常态，还带有不确定性。创业者开启的创业之旅本身就带有冒险性质，任何一次创业都需要进行合理分析、评估，谨慎对待自己所处的环境及自身所具备的基本状况。创业风险管理包括风险识别、风险评估和风险应对三个方面。风险防范可分为系统风险防范、非系统风险防范、风险承担能力的估计以及创业收益的预测等。创业者及创业团队要将创业风险贯穿于创业的全过程，尤其在创业初期，要了解新创企业在成长、发展过程中可能遇到的创业风险，提高自身风险控制与化解能力，为成长中的新创企业保驾护航。新创企业成长过程中，往往会面临因企业外部环境突变和内部决策不当等导致的各种风险，这些风险将直接影响新企业的成败。

**【课堂设计】**

| 序号 | 授课内容 | 展示方式 | 时间（单位：分钟） |
|---|---|---|---|
| 1 | 新闻新鲜事 | 根据最近时事讲解 | 5 |
| 2 | 回顾上次课程内容 | 教师、学生讲解 | 5 |
| 3 | 第一节　创业风险 | 讲授 | 25 |
| 4 | 休息 | \ | 5 |
| 5 | 第二节　风险防范 | 讲授 | 30 |
| 6 | 视频观看 | 播放视频 | 10 |
| 7 | 本章总结 | 讲解、讨论 | 5 |
| 8 | 教师点评 | 讲授 | 5 |
| \ | \ | \ | 90 |

【活动筋骨】

手操：手掌心互相摩擦 8 下至微热，轻合双眼，眼球向左右转动 8 圈。

说明：运用气功原理，调整眼睛的经气。

主治：预防近视、老花眼及视力模糊。

【创业茶歇】

### 贾某的创业

贾某在某科技公司负责研发工作，朝九晚五的工作让他过着比较惬意的生活，家里也换了面积较大的新房，自己上下班的交通工具也换成了小轿车，生活得到了很好的保障，随着资历的增长及自身管理水平的提升，贾某升职为研发部的主任。

贾某闲暇之余喜欢参加一些有关企业管理的培训讲座，虽然有时一场讲座会花费一笔数目不小的报名费，但他总是果断地报名参加。两年后，贾某工作的城市发布了一则创业无息贷款且免除一年房屋租金的政策，贾某选择放弃现有稳定的生活环境，开启创业之旅。

【讨论】

细数一下，创业期间将面临哪些风险？

# 第一节 创业风险

风险不仅是一种常态，还带有不确定性。创业者开启的创业之旅本身就带有冒险性质，任何一次创业都需要进行合理分析、评估，谨慎对待自己所处的环境及自身所具备的基本状况。

## 一、风险及其构成

### （一）风险的概念

风险就是生产目的与劳动成果之间的不确定性，大致有两种定义。其中，一种定义强调风险表现为收益的不确定性；而另一种定义则强调风险表现为成本或代价的不确定性。

风险也是损失发生的不确定性。发生损失的可能性越大，风险越大。结果可能是好的，也有可能是坏的，坏结果出现的概率越大，风险也就越大。

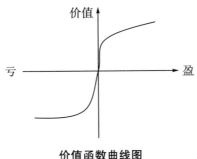

**价值函数曲线图**

当创业机会面临某种损失的可能性时，这种可能性及引起损失的状态便被称为机会风险，如创业过程中面临技术变化，或与相关企业同样攻克了相应的技术难题时，创业者为了本次市场投放所做的大量努力就极有可能带来亏损。

（二）风险的构成

创业者在创业过程中要充分认识风险的构成要素，从而在创业实践中尽力规避。风险的构成要素主要包括风险因素、风险事件和风险损失三个方面。

1. 风险因素

风险因素（风险条件）是指能够引起或增加风险事件发生的机会或影响损失严重程度的因素，是风险事件发生的潜在条件。

创业风险因素可分为人的因素和物的因素。其中，人的因素包括道德、心理、操作等；而物的因素包括技术、设备、经济条件等。

2. 风险事件

风险事件是风险因素综合作用的结果，是产生损失的原因和媒介。

创业风险事件可导致创业风险由可能变成现实，并引起产生损失的事件，如技术不成熟导致产品刚生产出来就面临淘汰，或经济环境恶化导致产品堆积等。

3. 风险损失

风险损失是指非故意的、非预期的、非计划的利益减少，这种减少可以用货币来衡量，包括直接损失和间接损失。

风险损失还指由于风险事件的出现给创业者或创业企业带来的能够用货币计量的经济损失，如销售下降带来的收入减少等。

## 二、创业风险的分类

（一）按风险主客观来源分类

主观风险是指在创业阶段，由于创业者的身体与心理素质等主观方面的因素加大了创业失败的可能性。

客观风险则是指在创业阶段，由于客观因素增加了创业失败的可能性，如市场变动、政策变化、竞争对手变化、资金缺口等。

（二）按风险影响范围分类

系统风险是源于创业者或创业企业之外的、由某种全局性因素引起的风险，如商品市场、资本市场风险等。

非系统风险则是由创业者或创业本身的商业活动和财务活动引发的风险，如团队、技术、财务风险等。

（三）按风险可控程度分类

可控风险是指在一定程度上可以控制或部分控制的风险，如财务风险、团队风险等。

不可控风险则是指创业者或创业企业无法左右或控制的风险。

（四）按创业过程分类

按照风险在创业过程中出现的环节分类，创业风险可分为机会的识别与评估风险、团队组建风险、确定并获取创业资源风险、准备与撰写创业计划风险和创业企业管理风险。

1．机会的识别与评估风险

机会的识别与评估风险是指在机会识别和评估过程中，受信息量缺失、推理偏差、处理不当等各种主客观因素影响，创业面临着方向选择和决策失误的风险。机会风险管理的基本程序一般包括风险识别、风险评估和风险应对三个阶段。

2．团队组建风险

团队组建风险是指在团队组建过程中，由于团队成员选择不当或缺乏合适的团队成员而产生的风险。

3．确定并获取创业资源风险

确定并获取创业资源风险是指由于存在资源缺口，无法获得所需资源，或获得资源成本较高而给创业活动带来的风险。

4．准备与撰写创业计划风险

准备与撰写创业计划风险是指创业计划的准备与撰写过程中存在各种不确定因素，或受制定者自身能力的限制带来的创业风险。

5．创业企业管理风险

创业企业管理风险是指企业由于管理方式、企业文化的选取与创建导致其在发展战略的制定、组织、技术、营销等各方面的管理中存在的风险。

（五）按风险内容表现形式分类

按照创业风险内容的表现形式分类，可将其分为机会选择风险、环境风险、人力资源风险、技术（服务）风险、市场风险、管理风险和财务风险等。

1. 机会选择风险

机会选择风险是指创业者及创业团队由于选择创业而放弃自己原来从事的职业，导致丧失潜在晋升或发展机会而带来的风险。

2. 环境风险

环境风险是指创业活动因社会、政治、经济、法律环境变动而导致创业者或企业蒙受损失的风险，如开展贸易投资，将国内沿海生产的生活设施运往非洲某一国家，所有产品到达后，该国发生内战，导致所有产品被战火摧毁。

3. 人力资源风险

人力资源风险是指创业者及创业团队由于人的因素对创业活动的开展产生不良影响或偏离经营目标的风险。创业者财力、素质和能力有限；团队成员之间专业知识、技能水平、管理策略等存在差异；财务收支混乱、核心人员流失、管理方式不佳等，这些都可能成为人力资源风险。

4. 技术（服务）风险

技术（服务）风险是指创业者及创业团队由于自身技术（服务）在研发过程中出现漏洞或是未发现的潜在因素，以及变化的不确定性导致创业失败的风险。对创业者及创业团队来说，技术成果存在不确定性。技术的市场接受度、技术效果的盲目性、技术成果转化的未知性等诸多不确定因素都会带来技术风险。

5. 市场风险

市场风险是指创业者及创业团队对于市场认识的不确定性导致创业失败的风险。它包括产品市场风险和资本市场风险两类。市场供给和需求的变化、购买人群对产品（服务）接受时间的变动、早期定价过高（低）、产品（服务）层次的布局等诸多因素都会给创业活动带来风险。

6. 管理风险

管理风险是指创业者及创业团队管理运作过程中因信息不畅、管理松懈、判断失误等原因形成的风险。管理风险可能是由管理者素质引起的，也可能是由企业自身诚信出现危机、利益分配没有体现差异化引起的，还可能是由权力过于集中等管理策略引起的。

7. 财务风险

财务风险是指创业者及创业团队在新创企业的财务管理中存在的风险。创业初期，创业资金预估不足、难以及时筹措创业资金、现有资金分配不规范、融资出现断裂、现金流出现中断等情况都可称为财务风险。

## 三、创业风险管理

创业风险管理包括风险识别、风险评估和风险应对三个方面。

（一）风险识别

风险识别是指创业者及创业团队对创业过程中可能产生的风险进行感知和预测的过程。风险识别应根据风险分类，全面观察创业过程，从风险产生的原因入手，将引起风险的因素分解为简单的、容易识别的个体，找出其中影响预期目标的各种风险。创业者及创业团队可采用回执创业流程图、制作各阶段的风险清单、建立风险预警机制、开展前期市场调查、拟定风险化解方案等方法进行风险识别。

（二）风险评估

风险评估包括风险估计和风险评价。

风险估计是指通过对风险要素进行充分、系统、有条理的考虑，确定创业过程中各种风险发生的可能性以及其发生之后的损失程度的过程。它主要针对风险即将产生的可能性、大小、危害范围及程度、概率方面进行研判。

风险评价则是指针对风险估计的结果，应用各种风险评价技术来判定风险影响大小、危害程度高低的过程。创业者及创业团队可以采用定量、定性的方法对风险进行评价，并客观分析评价结果，做好风险预警工作。

（三）风险应对

风险应对是指创业者及创业团队在风险评估的基础上，选择最佳的风险管理技术，采取及时、有效的方法进行防范和控制，并用最经济、合理的方法综合处理风险，以实现最大安全保障的一套科学管理方法。

1. 风险应对方法

创业者及创业团队常用的风险应对方法有风险避免、风险自留、风险预防、风险抑制、风险转嫁等。

风险避免是指创业者及创业团队设法回避损失发生的可能性，从根本上消除特定的风险单位或中途放弃某些既有的风险单位。风险避免是一种消极的风险管理方法，通常用于特定风险所致损失的频率或者损失的幅度相当高，或采取其他方法管理风险不符合成本效益原则时。

风险自留是指创业者及创业团队自我承担风险损失的一种方法。风险自留通常在风险的损失概率和幅度较低、能够预估损失且损失程度能接受、损失不会影响到创业活动时被采用。

风险预防是指创业者及创业团队在风险损失发生前为消除或减少可能引起损失的各种因素而采取的处理风险的具体措施，其目的在于通过消除或减少风险因素而降低产生损失的概率。风险预防通常在损失频率高但损失幅度低时使用。

风险抑制是指创业者及创业团队在损失发生时或在损失发生后为缩小损失幅度而采取的应对措施。风险抑制常常在损失幅度高且风险无法避免或转嫁的情况下采用，如损失发生后的自救和损失处理等。

风险转嫁是指创业者及创业团队为避免承担风险损失，有意识地将损失或与损失有关的财务后果转嫁给他人去承担的一种风险管理方法。具体来说，包括风险转嫁、保险转嫁、转让转嫁和合同转嫁等方式。

2. 风险应对策略

创业者及创业团队根据风险评估的结果和具体的评估环境选择合适的风险应对方法，并采用科学的风险应对策略。例如，面对产品生产出来后会出现的产品积压情况，企业在自身有足够多库房的情况下采取自留的方式来抵御产品库房使用费用风险，而对于产品销售过程中形成的积压，则采取分销商、代理商预采购等风险转嫁的方式来处理。

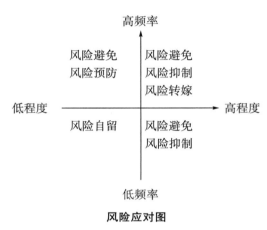

风险应对图

【创业茶歇】

团队比例多少合适？

避免平均是创业团队能高效运行的关键。如果是2人创业，其中1人要有绝对发言权；如果是3人创业，决策者应占据话语权，另外2人可平等，可采用5∶3∶2，或是6∶3∶1等比例。

# 第二节 风险防范

创业者及创业团队在产品（服务）设计、营销、售后方面都面临着来自外部环境和内部决策、管理方面带来的各种风险，这些风险对于企业来说可大可小，需要建立一套风险防范机制。风险防范可分为系统风险防范、非系统风险防范、风险承担能力的估计以及创业收益的预测等。

## 一、系统风险防范的途径

系统风险是由国家整体调控、自然环境变化等某种全局性因素引起的，创业者或新创企业本身无法控制或对其施加影响，并难以采取有效方法消除的风险。系统风险也称为"不可分散风险"，环境风险、市场风险等都属于系统风险。面对系统风险的不确定性，创业者及创业团队应谨慎分析、正确预测、合理应对。

（一）谨慎分析

创业者及创业团队需要对所处的环境进行深入了解，剖析自己面临的创业环境。

1．大环境

在党和国家的坚强领导下，各级政府对大学生创业提供了政策、资金、环境、税收等各方面的保障。例如，挑战杯比赛中有一项俗称为"小挑战杯"的比赛就是大学生创业比赛，有创业想法或已经在创业过程中的大学生都可参与，优秀的创业项目将获得优质基金的融资支持、当地政府提供的环境支持等。

2．中环境

创业者及创业团队应充分认识自我的竞争力，关注自身产品（服务）现有竞争对手的实力、弱点，自身产品（服务）投入市场后产生的新竞争对手及其发展规模，新产品（服务）的替代品对现有产品（服务）的威胁，以及买卖双方的议价能力和自己的底价等。

3．小环境

在小环境中可借助 SWOT 分析法，深入了解创业项目的优势（Strengths）、劣势（Weaknesses），以及外部环境中的机会（Opportunities）和威胁（Threats）。

（二）正确预测

创业过程中，创业者及创业团队能够清醒认识到的风险往往都是可控风险，而难以预测的往往是不可控风险。创业者及创业团队想要规避不可控的风险能够采取的措施包括：尽可能运用所学知识和所掌握资源；采用科学的方法来对风险进行分析；开展团队探讨、交流，为自己支招；尽量做到心中有数，任何冒险行为要有预案等。

（三）合理应对

创业者及创业团队对风险的应对考验着自身的综合素质。将不可避免的风险巧妙规避，或是合理转化并尽可能降低系统风险发生对创业者自身或创业企业的不利影响等都属于合理应对的范畴。

创业者及创业团队要将抵御创业风险贯穿于创业的全过程，尤其在创业初期，要了解新创企业在成长、发展过程中可能遇到的创业风险，提高自身控制与化解风险的能力，为成长中的企业保驾护航。

## 二、非系统风险防范的途径

非系统风险是由创业者或创业企业自身因素引起的，只对该创业者或创业企业产生影响。创业者和新创企业可以在某种程度上对其进行控制，并通过一定手段予以预防和分散。非系统风险包括机会选择风险、人力资源风险、技术风险、管理风险、财务风险等内容。

（一）机会选择风险的防范

机会选择风险是一种潜在风险，它是由于创业者选择创业以致失去其他发展机会后可能产生的丧失最大收益的风险。因此，创业者及创业团队在迈出创业这一步前，一定要深思熟虑，充分考虑创业风险、收益以及自身价值的实现途径，将创业目标和当前职业收益进行比较，结合当下的创业环境、自身能力进行权衡分析。

（二）人力资源风险的防范

人力资源是创业活动中最重要的资源，因此它产生的风险对创业企业来说往往也是致命的，所以我们一定要予以充分关注。

1. 充实自己

创业者及创业团队在开启创业前后都要不断学习，学习的内容有很多，包括专业知识、管理水平、交际能力等，切不可蒙着头做自己的事情而不关心外界发生的一切。

2. 选人用人

创业活动中，创业团队的搭建至关重要。创业者及创业团队要招聘有良好职业道德和团队合作精神的人加入自己团队，用科学的方式管理团队，在制度上明确各自的权、责、利，并在创业过程中适度给各相关部门负责人放权，让部门发挥主观能动性。

3. 加强管理

创业者及创业团队可通过良好的沟通、充分的协调、合适的奖励、适度的处罚、梯度的目标等各种有效的管理手段管理团队，并在创业的各个阶段确定不同的管理内容，使得自身团队能高效地运行。

（三）技术风险的防范

科技类创业走的是技术核心路线，技术创新能够给创业者带来丰厚的回报，但掌控不好也可能会使其颗粒无收。通常，创业者及创业团队可通过加强自身能力建设或建立创新联盟等方式减少技术风险发生的可能性。

1. 把握核心

创业者及创业团队可在设计产品时加强对技术创新方案的可行性论证，减少盲目性、提高科学性，降低成本、提升含金量，通过技术创新点的革命性突破来占领市场。

2. 系列策略

创业者及创业团队在创业主体上要依靠团队的力量，在产品设计上也要依靠系列核心技术提升自身抵御风险的能力。单一的产品核心竞争力极易被竞争对手攻破。

3．产品活力

创业者及创业团队开发出的产品（服务）要具有强大活力才能在激烈的市场竞争中立足，也只有增强企业技术系统的活力，才能有效降低技术风险发生的可能性。

4．专利保护

创业者及创业团队达到产品（服务）的实现条件时，一定要做好专利申请、技术标准申请，这是自身产品（服务）获得国家法律保障的前提，更是创业主体获得经济收入的保障。

（四）管理风险的防范

创业者及创业团队在新创企业中向管理要效益，通过提高管理者的素质，改变管理和决策方式就可以有效应对创业企业的管理风险。

1．主动学习

创业者及创业团队面对自身团队建设这一复杂工程，应不断提高自我学习的能力，提高核心成员的素质，树立诚信意识和市场观念，建立能适应发展阶段的组织机构。

2．民主管理

创业者及创业团队在新创企业的管理过程中应实行民主决策与集权管理的统一，将执行权合理分配，避免家族式管理。

3．科学决策

创业者及创业团队在产品（服务）研发、市场推广、升级换代等方面应明确决策目标，完善决策机制，减少决策失误。

（五）财务风险的防范

创业者及创业团队的财务风险防范是新创企业面临的较为重要的一环，资金断裂、募资困难、资本结构不合理等，都是新创企业的财务特征和主要财务风险的来源。

1．创业预算

创业者及创业团队在创业筹备期间需要对即将创办的企业进行创业资金需求估算，预算出必不可少的资金需求，开展资金准备。

2．积累信用

创业者及创业团队在人生道路上遇到任何事，都要积极面对并建立自身优秀的信用等级，为了良好的信用宁肯没有暂时收入也不能失信于人。

3．科学规划

创业者及创业团队要学会在科学的规划中发展长期的目标。面临收益与个人成长的两难抉择时，应将个人价值的实现放在首位。

4．控制节余

创业者及创业团队对新创企业的现金掌控一定要做到心知肚明，任何一笔收入、支出以及节余都应清晰透明，要管理好现金流，避免出现因资金断裂导致创业失败的情况。

## 三、风险承担能力的估计

创业者及创业团队的风险承担能力往往能够预见其创业项目是否能在激烈的市场竞争中站稳脚跟。

### （一）创业者风险承担能力

创业者及创业团队在进行风险识别的过程中，不但要确定自身可接受的风险程度，还要对自身实际可承受的风险强度进行评估，并采取合理的风险管理方法，减少创业过程中的不确定性。

风险承担能力是指创业者及创业团队所能承受的最大风险，一方面，创业者能够承受的总风险大小是多少？能否在经历创业后初衷不变？另一方面，一旦创业风险变成实际亏损，是否会影响创业者的情绪和生活水平？

### （二）创业风险承担能力

创业者及创业团队的风险承担能力与创业者的个人能力、家庭情况、工作情况、收入情况等息息相关。

1. 特定时间承担的风险

创业者及创业团队在新创阶段总是在"各方资金支出"时力不从心，因此，需在筹备创业时计算特定时间段所要承担的风险，大致了解新创企业初期面临的市场风险和技术风险，并做好相应准备。待新创企业发展到一定阶段后，团队持续的进步、财务盈余的分配、产品（服务）的更新换代会提升企业的风险承担能力，但也将带来新的创业风险。

2. 自身条件承担的风险

创业者及创业团队在面对新创企业的困难时，不同家庭背景的成员应对困难的策略也不尽相同，这就需要计算团队可用于承担风险的资金并进行预留。家庭经济条件决定创业能否承受亏损带来的影响，较高收入的家庭面临亏损的空间也较大，回旋的余地也更宽泛。

3. 融资压力带来的风险

当新创企业产品（服务）设计跟不上时代需求、市场推广遇到阻碍、收入不能填补支出时就需要从银行、金融中介等渠道获取资金融资的支持。当然，从其他渠道取得收入的能力越强，创业失败对创业者的情绪和生活水平产生的影响就越小，创业者解决创业失败所引起的债务问题的能力就越强。

4. 危机管理的经验

创业者及创业团队的危机管理能力会影响到创业风险发生时采取风险抑制措施后产

生的效果。危机管理能力越强，受到风险时采取弥补措施的应对能力也越强，也就更能提前研判、提早布局，避免损失扩大。从身边的创业案例中，我们不难看出，很多创业者在创业前都曾在原公司担任技术部门负责人、销售经理，或企业高管等，具有一定的管理经验和人脉资源。

## 四、创业收益的预测

基于风险估计的创业收益预测，按风险报酬均衡的原则，创业者所冒风险越大，其获得高收益的可能性也越大。如果预计的创业收益能够平衡创业风险，并给创业者带来一定报酬，则可开始创业活动，通过建立商业模式，将创业机会变成盈利的创业项目。

1. 预测收入并核算成本

创业者及创业团队根据创业风险发生的概率预测自身在不同情况下的收入、成本状况，确定收益变化的范围及其规律。当然，估算时也要按客观环境繁荣、一般、衰退的实际情况，将产品的销量、单价、成本的核算考虑进去，进而预估总收益及必须支出的项目，将成本控制在自身能接受的范围之内。

2. 计算预期值

创业者及创业团队需要计算风险收益的预期值，也就是对各种收益发生的概率及对应的收益情况计算收益的预期值（预期收益＝预期收入－预期成本）。

3. 计算临界值

计算影响收益变化的各个因素的临界值是充分考虑某一因素收支平衡的有效方法。影响收益变化的各因素的临界值是在假定其他因素不变的情况下，令预期收益等于零，并计算各个因素的极大值或极小值。

在计算过程中，收益同向变化的是销量，单价因素要计算极小值，成本因素则计算极大值。

4. 分析风险的匹配性

尝试分析最大风险的收益和创业者风险承担能力的匹配性是预测收益的有效方法之一。通过对影响收益的各因素临界值的计算，创业者可以对各种因素不利变化的极端情况有较为充分的了解，对其可能面临的最大风险予以合理估计，并将该风险和自己可以接受的最大风险程度以及自身的风险承担能力相权衡，从而进行科学决策。

创业者及创业团队在创业初期就要意识到创业风险必将存在于创业的全过程，尤其在创业初期出现的风险甚至会直接影响到新创企业未来的成长、发展、壮大，这就需要创业主体在创业实践中预估可能出现的创业风险，提高自身抵御风险的能力，让新创企业在风险中抓住腾飞的机会。

## 【创业茶歇】

### 某松鼠的发家史

大家熟悉的坚果品牌某松鼠的创始人，创业前在安徽某食品有限公司任职，曾担任区域经理、营销总监、总经理等要职。

2012 年 2 月，该创始人带领由 5 名成员组成的创业团队在安徽芜湖创建某松鼠品牌并在线上销售。6 月，该品牌在淘宝上试营业，7 天完成 1000 单的销售量。从正式营业到日销售 1000 单，仅用了 63 天。"双十一"大促期间，该品牌日销售额高达 766 万元。2013 年 12 月 27 日，某松鼠全网销售额突破 3 亿元。

2020 年 12 月 18 日，该创始人位列"2020 中国品牌人物 500 强"第 109 位。

# 第十一章　创业心理

## 概　述

我们都想让自己的青春充满激情，在朝气蓬勃的岁月里做一些一辈子都难以忘记的事，创业便是这样的事情。创业是一个人的认知达到一定程度之后开展的一项为满足个体经济、思想的活动，它源自后天因素，是可以通过培训达成的。创业精神的培育包括塑造创业人格、培育创新能力、宣扬创业文化和强化创业实践等内容。创业心理是创业者在创业实践中应对各种局面时的精神状态的总称。创业过程无疑是艰辛的，知识和技能的储备是基础，心理则是关键。为此，我们要让自己的心理处于积极、健康、向上的发展方向。创业过程中，面对技术的不完善、团队的不协调、市场开拓的困难、产品的积压滞销等，创业者极易出现消极心态。如果这些消极心态不断强化和积累，严重到一定的程度，创业者的心理和行为就会与周围其他人有明显的差异，比如会对事物产生一些反常的、特殊的，或者过于亢奋、过于消沉的行为反应等，从而对他们的生活和工作产生严重的消极影响。

【课堂设计】

| 序号 | 授课内容 | 展示方式 | 时间（单位：分钟） |
|---|---|---|---|
| 1 | 新闻新鲜事 | 根据最近时事讲解 | 5 |
| 2 | 回顾上次课程内容 | 教师、学生讲解 | 5 |
| 3 | 第一节　创业精神 | 讲授 | 30 |
| 4 | 休息 | \ | 5 |
| 5 | 第二节　创业心理 | 讲授 | 30 |
| 6 | 视频观看 | 播放视频 | 5 |
| 7 | 本章总结 | 讲解、讨论 | 5 |

| 序号 | 授课内容 | 展示方式 | 时间（单位：分钟） |
|------|----------|----------|--------------------|
| 8 | 教师点评 | 讲授 | 5 |
| \ | \ | \ | 90 |

### 【活动筋骨】

手操：两手中指指肚合拢，其他手指交叉放在指根处，轻轻按压。

说明：没有时间限制，久坐后可起到舒缓的效果。

主治：有助于消化，帮助呼吸，减轻疲劳，去除头痛、背痛和脚痛。

### 【创业茶歇】

创新型人才的心理特征：

强烈的好奇心！

敏锐的观察力！

较强的自信心！

较强的记忆力！

坚强的意志力！

强烈的创新意识！

没有什么不可能！

以学为乐，享受学习！

……

### 【讨论】

束缚创新的心理：

这不合逻辑！

要遵守规则！

不能模棱两可！

犯错误是坏事！

这不是我的领域！

别傻了，我没有创造力！

这是书上（专家）说的！

……

# 第一节 创业精神

在如此严峻的就业形势下，大学生应该塑造良好的创业心理品质，以积极的心态实现自己的人生价值。创业精神是指创业者在思绪、想法、观念、个性、意志、作风和品质等意识形态领域所具备的优秀特征，如开拓进取、勇于创新、敢于担当、团结合作、坚持不懈、善于谋略、勤奋好学等。

## 一、创业精神的本质

**1. 创新是创业精神的精髓**

创业就是在产品、市场、技术、组织形式、观念等方面进行创新，如果创业过程中创新没有得到体现，我们的创业过程将会充满艰难。

**2. 冒险是创业精神的本质**

创业本身往往是创业者对现有生活条件不满足或迫于生活压力而开展的冒险活动，失败在所难免，没有失败的创业只能是非成功的创业。

**3. 合作是创业精神的基础**

开展行之有效的合作，不仅能弥补自身在技术、资金、人力等方面存在的缺陷，还能调动投资方（合作伙伴、员工）的积极性，使企业发展得更快。

**4. 执着是创业精神的本色**

创业需要持之以恒的精神，创业的艰辛让很多创业者始料不及，也让无数创业者未能坚持下去。

## 二、创业精神的来源

创业精神的形成受主客观两方面因素的影响：主观方面包括受教育程度、个体主动性、个体观念等；客观方面包括文化环境、产业环境、机制环境、生存环境等。

（一）主观方面

**1. 受教育程度**

创业者的受教育程度对创业精神的产生有着至关重要的影响，教育的种类有很多，主要包括学校教育和家庭教育。

**2. 个体主动性**

创业者个体对新鲜事物的认识是积极的还是消极的，是无动于衷的还是有所作为的，这些个体主观上的态度是创业精神最为核心的因素。

3. 个体观念

创业者主观上对待现有的生活状态持怎样的态度，是乐观积极还是悲观消极，是遵循旧制还是敢于突破？这些都是创业精神中非常重要的内容。

（二）客观方面

1. 文化环境

创业者所处的文化环境是培育创业精神的重要客观因素，积极接纳新知识、新事物的开放态度，商业文化氛围浓厚的大环境，以及潜在的创业条件都是极易培育出创业者的因素。

2. 产业环境

不同产业环境对创业影响深远，具有淘汰、竞争环境的行业更能激发创业者主动创业，而垄断行业则会阻碍自主创业的产生和发展。

3. 机制环境

机制灵活与否对于创业精神的培育会产生很深的影响。一般来说，注重员工创新能力、适应市场发展的企业更能激发企业员工的创新精神。

4. 生存环境

生存环境对企业发展起重要作用，生存环境越是艰难，就越能激发企业的创新驱动力。

## 三、创业精神的培育

创业是一个人的认识达到一定程度之后开展的一项为满足个体经济、思想的一种行为，是后天因素，可以通过培训达成。创业精神的培育包括塑造创业人格、培育创新能力、宣扬创业文化和强化创业实践等内容。

1. 塑造创业人格

塑造创业人格与培育创业能力是相辅相成的，个体的独立、坚持、果断等特征对于创业来说非常重要。

2. 培育创新能力

创新是创业的核心，我们既要注重自身创新能力的培养，也要注重个性的发展，培育好奇心、求知欲，为创新创造一个宽松的环境。

3. 宣扬创业文化

家庭文化、校园文化、社会文化是每个人成长中的外部环境，对于培养我们的创新能力具有陶冶功能、激励功能和导向功能。

4. 强化创业实践

有志创业的大学生在课余时间可积极组建创业团队，参与与创业相关的社会实践活动，增强自身了解、适应和改造社会的能力。

**【创业茶歇】**

创业精神帮扶有没有必要？如必要，创业过程中需要哪些方面的精神帮扶呢？

面对严峻的市场形势，创业者应如何保持内驱力去坚守创业的"初心"？

# 第二节　创业心理

创业心理是创业者在创业实践中应对各种局面时的精神状态的总称。创业过程无疑是艰辛的，知识和技能的储备是基础，心理则是关键。为此，我们要让自己的心理处于积极、健康、向上的发展方向。

## 一、积极心理的培育

积极心理就是在创业过程中遇到困难、挫折、挑战时，总是能从正面有利的角度去思考，从化解问题的方向去实践。创业者及创业团队只有在创业过程中保持积极的心理状态、发掘身边资源、了解国家政策、拓展人脉圈子、寻找可用空间、分析眼前难题等，才能最终站在成功的舞台上。理想职业往往需要匹配高兴趣、高能力和高社会需求，任何一方面的缺失都不能实现理想职业。

### （一）积极心态

古人云："世上无难事，只怕有心人。"积极主动、敢于竞争的态度能帮助我们战胜人生中的诸多困难，积极的人往往能够激发自信心，遇到困难、复杂问题时能够调动其内心的进取心，并能够有效地解决问题。以下是积极心理的 10 种态度。

1. 执着

对自己、团队价值观的塑造以及市场开拓、人脉稳固等持有坚定不移的信念，充分相信自己的实力，能够克服各种困难和挫折，在困难和失败中积累成功的要素，敢于通过竞争取得自己理想的成果。

2. 直面挑战

面对困难，从不妥协，对于创业过程中所遇到的困难总是能够积极地去化解。告别"关系户""内情"等不合时宜的乱象，积极应对创业过程中的各种风险挑战，将解决各类困难的过程理解为对自己能力的锻炼和提升。

3. 热情

对自己、对创业项目、对团队以及对创业过程中所遇到的人、事都保持强烈的感情和浓厚的兴趣，并在创业过程中积极调整自己的状态，克服懒散、拖延。

4. 奉献

面对创业初期可能出现的连续加班以及财务上入不敷出的情况，创业者要积极调整心态，全身心地投入到创业工作中去。

5. 激情

创业过程就是认真对待每一件事情，拜访客户时要虔诚，产品研发时要认真，任何时候都要保持创业的激情。

6. 愉快

创业期间保持乐观心态，营造轻松、惬意的工作环境，使自己以及团队发挥出最大效能。

7. 爱心

创业并不是只图成功和收益，还要顾及团队及竞争对手，乐于助人、心怀感恩才能取得更大成功。

8. 自豪

创业取得成功是对自己、团队、公司产品的认可，创业者面对成功要有自豪感、荣誉感。

9. 渴望

创业者肯定是期待成功的，创业过程也需要强烈的成功欲望来驱动。创业过程中要保持一颗进取心，只有渴望成功，才能激励自己不断奋进。

10. 信赖

创业过程不仅要相信自己，还得相信团队。面对各种艰难，要树立起对自己的信心，找到自己的优势并努力发挥出来；还要充分信任团队内的每一名员工，适当的分权就是信任最好的体现。自信心来源于内心对自己的肯定和接受，来源于过往成功的经历，来源于对某一问题的深入了解和剖析。创业过程中要充分相信自己、相信团队。

（二）感恩心态

感恩心态就是要求创业者对自己的创业项目、创业团队、客户群体有一颗感恩的心，感恩国家的创业政策，感恩父母的养育之恩，感恩学校的辛勤培养，感恩团队的团结一心，感恩客户的最终选择等。

心存感激的人，特别容易培养出爱心和责任心，容易形成宽宏大量的胸怀。

（三）平和心态

平和心态就是"胜不骄，败不馁"，一切都要积极面对。创业者对于创业过程中取得的成就要保持冷静，对于"这一次的成功是自己技术的优势，还是团队努力的成果，还是竞争对手的失利"等问题，都要认真进行总结才能在未来的竞争中取得长足发展。

（四）豁达心态

豁达指心胸开阔、性格开朗，能容人容事，是一种大度、宽容豪爽、乐观的品格和美德。创业过程无疑充满了艰辛，对于销售的失败、团队的解散等，创业者应保持豁达的心态，这样才能接受失败、承受挫折，最终让创业转危为安、取得成功。

**【延伸阅读】**

积极心态大小

做一个小游戏，测试一下自己心态的大小。

画一个圆，再画两个"十"，圆心要重叠，把圆分成八个部分，将积极心态、平和心态、感恩心态、自信心态、进取心态、执着心态、豁达心态、独立心态八个方面标注在圆圈和十字交叉点上。圆心为 0 分，圆圈和十字交叉点为 10 分，八个心态自测多少分，请在直线上标注出来。最后，将这些点连接起来，这就是自己心态的大小。

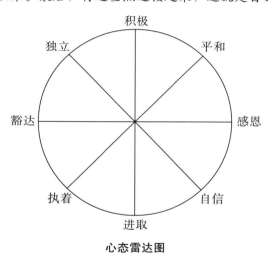

心态雷达图

## 二、创业中面临的心理特征

创业者通常是不愿墨守成规、循规蹈矩的人，具有发散性思维，不迷信权威。创业者和求职者的心理特征是不一样的，因为创业者往往具有在不服输的精神激发下的创业欲望和不怕失败而敢于冒险的创业心理。

（一）创业欲望的理解

现实中，创业者在创业过程中付出的精力要比打工时多得多，承担的风险也要大很多，也就导致很多人并不愿意轻易去开启创业。但是，当老板、挣钱、享受成功的喜悦依然激发了很多人强烈的欲望，这种欲望使得这些人敢于冒险、敢于接受各种挑战。研究发现，成功的创业者的创业欲望是非常强烈的，这种欲望一般来自他们不安于现状、追求更高理想、要实现人生抱负的性格底色，或是外界刺激、鼓励。通常情况下，负面的创业动机占据绝大多数，它们是"反抗"的结果。这就是很多创业成功人士所谈到的不甘心、不服输，在这些情结的驱动下，他们才行动起来，最终取得成功。

### （二）敢于冒险的心理

创业需要胆量，也需要冒险精神。创业中的冒险精神是一种面对未知的勇气和面对失败的理性，是一种披荆斩棘的开拓和不达目的不罢休的执着，创业之路总是充满挑战，只要有雄心壮志、有抱负担当，创业者就不会被一时的困难所吓倒，反而能在战胜困难中找到继续坚持的勇气。冒险精神是创业者精神的重要组成部分，对于创业者来说，遇到一个"千载难逢"的机会，就需要快速地抓住时机。当然，创业者的冒险精神是建立在丰富的知识储备、足够的人脉资源、科学的人生规划上的，因此，他们往往既富有想象力和乐观、自信的心态，也具备果断、慎思的决策能力。

### （三）面临困难的抉择

大学生创业者极易出现三种特征，分别是意志薄弱、情绪不稳和认识错位。意志薄弱表现为创业项目难以坚持、创业抉择犹豫不决、创业机会错失等。情绪不稳则表现为创业过程中出现的焦虑、抑郁和逃避心理。认识错位是指创业者在创业过程中认知上出现的偏差，主要表现为从众效应、强迫心态和冲动心态。

创业者的创业之路必定是艰辛的，最终引以为傲的收获依然是自己社会价值的实现，这既是对自己能力的肯定，也能使创业者在此过程中感受到创业带来的乐趣。自己的创业带动了上下游相关产业的快速发展、解决了一部分人的就业问题、为社会做出了突出贡献等都是创业过程中创业者可能获得的成就。

## 三、消极心态的预防

心态是我们命运的控制塔，消极心态是失败、疾病与痛苦的源流，选择了消极心态的人，也就选择了失败。

消极心态是指个体受自身或外在因素影响，因不满意自身条件或能力，而造成信心的缺失，并对其的社会生活产生消极影响的消极心理状态。创业过程的艰辛只有经历了创业过程的人才懂得，由于部分大学生对创业认识不深，难免会产生急功近利的思想，看到其他同学名利双收之后，在市场调查不充分、创业项目不成熟、融资渠道不顺畅、客户群体不稳定、政策了解不全面等情况下盲目开启创业，失败也在所难免。对此，有的人能够及时进行主客观方面的调整，有的人则可能出现一蹶不振的情况。

【延伸阅读】

**消极心态有哪些？**

拿破仑·希尔也曾列举过一些消极心态：愤世嫉俗、目标缺失、缺乏恒心、心存侥幸、固执己见、自卑懦弱、金钱至上、自大虚荣、虚伪奸诈、过分谨慎、恐惧失败等。

大多数人都有可能在某个时期或某个特定情景下出现以上暂时性（持续性）的消极

心态。如果这些消极心态不断被强化和积累，严重到一定的程度，个体就会对事物产生一些反常的、特殊的，或者过于亢奋、过于消沉的行为反应，从而对其生活和工作产生严重的消极影响。这时的消极心态就不再是短暂的心理反应，而是一种异常心理。

俗话说"心态决定成败"。创业过程中具备积极的心态是创业者成功、健康、快乐的保证，无论环境的好坏，创业者及其团队都要抱着积极的心态，莫让沮丧取代热忱。一个人的人生可以创造出很高的价值，也可以变得一无是处。拥有积极心态的人，才可能到达成功的彼岸。创业过程是艰辛的，挫折、失败、嘲笑在所难免，有些人经受不起打击，轻易便心灰意冷、毫无斗志，在悲观中无法自拔，或因恐惧、怀疑、失望而丧失自己的意志，致使自己的创业毁于一旦。创业并不是自寻折磨，积极调整自己的状态，身处逆境而心态乐观的人才能在这个复杂的社会中立足、站稳，最终获得一席之地。只要我们对自己的工作有一个乐观的态度，那么任何困难和挫折被克服的可能性就会大大增加。

**【创业茶歇】**

**如何培育自己的健康心态？**

健康心态＝阳光心态＋积极心态

健康的心态是一种主动的生活态度，具体表现为对任何事都有足够的控制能力，它反映了一个人的胸襟、魄力，还会感染人，给人以力量。

# 第十二章  创业法律法务

## 概  述

　　创业者及创业团队要树立牢固的法律意识，在法律的保护下依法创业，没有法律意识或者缺乏必要的法律知识，不会运用法律武器去维护自己的合法权益，轻则造成经济损失，重则身陷囹圄，创业事业被迫中断，造成巨大损失。而对于非法律专业的创业者及创业团队来说，了解一些必要的法律常识会对自己的创业生涯起到保驾护航的作用。创业者及创业团队所需要了解的法律知识有很多，本章将就创业过程中涉及的民法典、商标法、劳动法、保险法、公司法、反不正当竞争法、产品质量法等常用的法律条文及相关条款进行简要介绍。

**【课堂设计】**

（单位：分钟）

| 序号 | 授课内容 | 展示方式 | 时间 |
|---|---|---|---|
| 1 | 新闻新鲜事 | 根据最近时事讲解 | 5 |
| 2 | 回顾上次课程内容 | 教师、学生讲解 | 5 |
| 3 | 第一节　创业法务 | 讲授 | 30 |
| 4 | 休息 | \ | 5 |
| 5 | 第二节　相关法律条文摘录 | 讲授 | 25 |
| 6 | 视频观看 | 播放视频 | 10 |
| 7 | 本章总结 | 讲解、讨论 | 5 |
| 8 | 教师点评 | 讲授 | 5 |
| \ | \ | \ | 90 |

**【活动筋骨】**

动作：双手叉腰，腰直立，头后仰八下，四组为一个循环。

说明：缓解颈椎疾病。

主治：颈椎疼痛。

**【创业茶歇】**

不办对公账户行不行？

有些企业创办人想着不走对公账户，就不去开户。

可如果不开户，时间一长公司就会被标记为异常状态，导致法人信用受损。信用受损的危害有：不能贷款买房、不能办移民、不能领养老保险；长期不报税，工商局会将对外申办业务全部限制。因此，税务报到、银行开户是必不可少的。

**【讨论】**

创业初期，我们总是习惯于瞄准市场上认可度高的产品，比如看到某一个商品销售火爆，我们就联系厂家进行批量生产，再进行销售。请问这种方式可行吗？

# 第一节　创业法务

创业者及创业团队要树立牢固的法律意识，在法律的保护下依法创业，没有法律意识或者缺乏必要的法律知识，不会运用法律武器去维护自己的合法权益，轻则造成经济损失，重则身陷囹圄，创业事业被迫中断，造成巨大损失。而对于非法律专业的创业者及创业团队来说，了解一些必要的法律常识能对自己的创业生涯起到保驾护航的作用。

## 一、基本法律常识

### （一）民法典

1. 定义

《中华人民共和国民法典》被称为"社会生活的百科全书"，是新中国第一部以法典命名的法律，在法律体系中居于基础性地位，也是市场经济的基本法。

《中华人民共和国民法典》共 7 编、1260 条，各编依次为总则、物权、合同、人格权、婚姻家庭、继承、侵权责任，以及附则。通篇贯穿以人民为中心的发展思想，着眼满足人民对美好生活的需要，对公民的人身权、财产权、人格权等做出明确翔实的规定，并规定侵权责任，明确权利受到削弱、减损、侵害时的请求权和救济权等，体现了对人民权利的充分保障，被誉为"新时代人民权利的宣言书"。

2020 年 5 月 28 日，十三届全国人大三次会议表决通过了《中华人民共和国民法典》，自 2021 年 1 月 1 日起施行。婚姻法、继承法、民法通则、收养法、担保法、合同法、物权法、侵权责任法、民法总则同时废止。

2. 意义

《中华人民共和国民法典》是新时代我国社会主义法治建设的重大成果，在中国特色社会主义法律体系中具有重要地位，是一部固根本、稳预期、利长远的基础性法律。民法典对推进全面依法治国、加快建设社会主义法治国家，对发展社会主义市场经济、巩固社会主义基本经济制度，对坚持以人民为中心的发展思想、依法维护人民权益、推动我国人权事业发展，对推进国家治理体系和治理能力现代化都具有重大意义。

3. 特征

民法典有三个明显的特征：一是该立法在国家法律体系中的地位十分重要；二是该立法体系庞大，法律制度规模大，法律条文在当时的社会是最多的；三是立法者要突出该法的体系性，强调立法的逻辑和规律。

从立法的重要性来看，民法典的定名是对民法作为国家治理的基本遵循和依靠的充分肯定，由于社会上每一个自然人、每一个法人和非法人组织都是民事主体，民法的内容涉及社会成员的全部，也涉及他们从事社会活动的时时刻刻，所以民法规范社会人身关系和财产关系。民法的法律规范和制度体系十分庞大，远远超过其他任何法律，使用"法典"来定名，说明其立法体量的显著差异。民法典命名的使用，强调庞大的民法规范、制度整合为一体之时的体系科学性和逻辑性。民法调整的社会关系具有基础性、全局性和普遍性，它自古以来就包含着在数量上远远超过其他法律的规范和制度。民法典编纂按照体系科学化的要求，消除了原有民事立法散乱且存在内在混乱的弊端，遏制了立法盲目和冲动，实现了民事立法体系的极大改进，充分彰显了民法发展史上曾倡导的"体系化效应"的积极作用，民法典被定名为"典"，可谓实至名归。

（二）知识产权法

1. 定义

知识产权法是指因在调整知识产权的归属、行使、管理和保护等活动中所产生的社会关系的法律规范的总称。

国内涉及知识产权的法律有著作权法、专利法、商标法等。

知识产权行政法规主要有著作权法实施条例、计算机软件保护条例、专利法实施细则、商标法实施条例、知识产权海关保护条例、植物新品种保护条例、集成电路布图设计保护条例等。

知识产权地方性法规、自治条例和单行条例，如深圳经济特区企业技术秘密保护条例。

知识产权行政规章，如国家工商行政管理局发布的《关于禁止侵犯商业秘密行为的若干规定》。

知识产权司法解释，如《最高人民法院关于审理专利纠纷案件适用法律问题的若干规定》《最高人民法院关于诉前停止侵犯注册商标专用权行为和保全证据适用法律问题的解释》。

2. 作用

对于新创企业，其独立自主研发出的产品（服务）要及时申请专利，使企业的知识产权资源不受他人侵犯；知识产权的认定结果是进行产权交易、使新创企业直接获取经济利益的重要资本；通过知识产权保护的实现，新创企业获得经济利益，创业者的知名度也得到提高。

3. 期限

商标专用权与商标法，注册商标有效期为 10 年，可延期。

专利权与专利法，发明专利权的有效期为 20 年，实用新型专利权的有效期为 10 年，外观设计专利权的有效期为 15 年。

著作权与著作权法，其有效期为作者终生及其死亡后 50 年。

（三）劳动法

1. 定义

劳动法是调整劳动关系以及与劳动关系有密切联系的其他社会关系的法律规范的总称。制定颁布《中华人民共和国劳动法》是为了保护劳动者的合法权益，调整劳动关系，建立和维护适应社会主义市场经济的劳动制度，促进经济发展和社会进步。依法规范新企业与员工间的劳动关系，保护企业员工的合法权益，对调动员工积极性与创业热情、确保新企业创业成功具有重要意义。

2. 作用

劳动法是对劳动者、用人单位进行正当利益维护的法律，对工作时间、休假、工资、劳动安全、社会福利、保险、劳动争议等都进行了明确规定，需要双方都遵守。

对劳动者来说，主要维护的利益有平等就业的权利、选择职业的权利、取得劳动薪酬的权利、获得劳动安全卫生保护的权利、享有休息的权利、享有社会保险和福利的权利、接受职业技能培训的权利、提请劳动争议处理的权利，以及法律规定的其他权利。

对用人单位来说，主要维护的利益有依法建立和完善规章制度的权利、根据实际情况制定合理劳动定额的权利、对劳动者进行职业技能考核的权利、制定劳动安全操作规程的权利、制定合法作息时间的权利、制定劳动纪律和职业道德标准的权利，以及其他权利。

3. 基本原则

劳动既是权利又是义务的原则；保护劳动者合法权益的原则；劳动力资源合理配置原则等。

（四）保险法

1. 定义

保险法是指调整保险关系的一切法律规范的总称，其内容主要包括保险合同法、保险业组织法、保险监管法等。凡有关保险的组织、保险对象以及当事人的权利义务的法律规范均属保险法。

现行版本是 2015 年 4 月 24 日第十二届全国人民代表大会常务委员会第十四次会议《关于修改〈中华人民共和国计量法〉等五部法律的决定》的第三次修正。

2. 分类

保险业法又叫保险业监督法，是调整国家和保险机构的关系的法律规范。凡规范保险机构设立、经营、管理和解散等的有关法律均属于保险业法。中华人民共和国国务院于 1985 年 3 月 3 日发布的《保险企业管理暂行条例》，对保险企业的设立、中国人民保险公司等做了具体规定，即属于保险业法性质。

保险合同法又叫保险契约法，是调整保险合同双方当事人关系的法律规范。保险方与投保方的保险关系是通过保险合同确定的，凡有关保险合同的签订、变更、终止以及当事人权利义务的法律，均属保险合同法，如《中华人民共和国经济合同法》关于保险合同的规定、1983 年 9 月 1 日国务院发布的《中华人民共和国财产保险合同条例》等。

保险特别法是专门规范特定的保险种类的保险关系的法律规范。对某些有特别要求或对国计民生具有特别意义的保险，国家专门为之制定法律并加以实施，如《海商法》中的海上保险、英国的海上保险法、日本的人身保险法等。在这种保险特别法中，往往既调整该险种的保险合同关系，也调整国家对该险种的管理监督关系。

社会保险法是国家就社会保障所颁发的法令的总称，如 2010 年 10 月 28 日颁布的《中华人民共和国社会保险法》。

**（五）公司法**

1. 定义

《中华人民共和国公司法》是为了规范公司的组织和行为，保护公司、股东和债权人的合法权益，维护社会经济秩序，以及促进社会主义市场经济发展，根据宪法而制定的法律。

现行版本是 2018 年 10 月 26 日第十三届全国人民代表大会常务委员会第六次会议《关于修改〈中华人民共和国公司法〉的决定》的第四次修正。

2. 意义

公司法是一部鼓励投资兴业的服务型法律。公司法对于有限公司最低注册资本降至 3 万元，同时允许较大数额注册资本分期缴纳，股东可以认缴出资额。股东可以用货币出资，也可以用实物、知识产权、土地使用权等可以用货币估价并可以依法转让的非货币财产作价出资，这也就鼓励投资者拿出自己闲置多年的资本进行投资创业。

公司法是一部善待国有、民营公司的平等法律。它旗帜鲜明地落实了股东平等原则，民营有限责任公司符合《证券法》规定的发行条件，就可以依法发行公司债券，缓解融资难的问题。

公司法是一部鼓励公司自治的市场型法律。它扩张了公司与股东的自治空间，尊重公司与股东的自治、自由、民主和权利，大幅减少了行政权和国家意志对公司生活的不必要干预，提高了民事规范、任意规范、促成规范、赋权规范和保护规范的比重，审慎拟定了强制规范，适度减少了禁止规范。

公司法是一部兴利除弊兼顾的安全型法律。它降低注册资本有利于企业、公民投资创业，吸引社会闲置物品、资金进入资本市场，从而促进经济发展和扩大就业。

公司法是一部强化投资信息的护权型法律。它重申股东的常见权利，而且将股东权利保护的精神贯穿于整部法律。

公司法是一部强调公司社会责任的人本型法律。它在追求股东价值最大化的同时，强化了公司的社会责任，公司不仅要盈利，而且要承担起社会责任。在公司设立、治理、运营、重组等各个环节的适用与解释应当始终弘扬公司承担社会责任的精神。

公司法是一部立法技术娴熟的可操作型法律。它在谋篇布局上，详略得当、重点突出，预先规定粗线条的基本法律制度，并为日后最高人民法院起草公司法，司法解释，和法官、仲裁员行使自由裁量权预留"制度接口"。

公司法是一部兴利除弊兼顾的、既具有中国特色又与国际主流公司制度文明接轨的平等型、自治型、可诉型、统一型、和谐型、服务型的现代化公司法。

（六）反不正当竞争法

1. 定义

反不正当竞争法是为了促进社会主义市场经济健康发展、鼓励和保护公平竞争、制止不正当竞争行为、保护经营者和消费者的合法权益制定的法律。

现行版本根据 2019 年 4 月 23 日第十三届全国人民代表大会常务委员会第十次会议《关于修改〈中华人民共和国建筑法〉等八部法律的决定》修正而来。

2. 作用

新版反不正当竞争法是国家知识产权强国战略的精神体现，是营造尊重知识价值营商环境、完善知识产权保护法律体系的进一步落实。商业秘密定义的完善使得商业秘密的门槛降低，更有利于企业选择商业秘密进行保护；进一步明确侵犯商业秘密的情形，扩大侵犯商业秘密责任主体的范围，强化侵犯商业秘密行为的法律责任，提高违法成本，降低违法收益，加大法律惩戒力度；对侵犯商业秘密的民事审判程序中举证责任的转移做了新的规定，减轻商业秘密权利人的举证责任，大幅降低维权成本。

（七）产品质量法

1. 定义

产品质量法是为了加强对产品质量的监督管理、提高产品质量水平、明确产品质量责任、保护消费者的合法权益、维护社会经济秩序而制定。

现行版本是通过 2018 年 12 月 29 日第十三届全国人民代表大会常务委员会第七次会议修改而成。

2. 作用

我国对产品生产者实行无过错责任原则，即生产者无论有无过错，只要因产品存在缺陷造成人身或缺陷产品以外的其他财产损害，就应当承担赔偿责任。

产品销售者由于其过错使产品存在缺陷，造成人身或他人财产损害的，也应当承担赔偿责任。

## 二、聘请法律顾问

### （一）法律顾问在创业过程中的重要性

**1. 及时得到法律服务规避风险**

创业者及创业团队在创业过程中肯定会遇到产品（服务）、营销、售后等方面的法律问题，及早地规避合同风险、债权风险、知识产权风险等问题也就是降低风险对新创企业的影响，将损失降到最低。

**2. 法律护航能增强新创企业竞争力**

企业拥有自己的法律顾问是企业成熟、具有前瞻性的表现，更能得到合作伙伴的信任，法律顾问运用其专业的法律知识，在企业起草（审查）签订相关合同、参与新创企业对外开展的商业谈判、保全企业发展过程中的相关证据等工作方面给予专业指导。

法律顾问参与新创企业的决策、经营、管理，并预防和处理各种法律纠纷，在促进新创企业的成长和发展中发挥着越来越重要的作用。创业者及创业团队将法律顾问团队建设纳入到日常工作中去，有利于企业提升形象、减少纠纷、规避风险、维护权益、加快发展和提升效益。

### （二）寻找法律顾问

**1. 执业律师**

执业律师是指通过国家司法考试并依法取得律师执业证书的合法律师。法学专业的毕业生需要通过司法考试，在律所实习一年，并经考核合格，取得司法行政机关颁发的律师执业证后，方可独立执业，成为执业律师。也就是说，开展法律咨询服务需要持证上岗。

**2. 选择律师事务所**

创业者及创业团队在选择律师事务所时可网上搜索相关的律师事务所的规模、主营方向，律师团队构成及法律顾问的经历、经验等信息。如有必要则可与候选律师进行面谈，了解候选律师对于新创企业的法律指导，在谈话中了解其专业能力。

**3. 专业的律师团队**

专业的律师团队不仅需要丰厚的法律基础知识，还应拥有长期且丰富的法律顾问经验，对于新创企业面临的法律问题有较为深入的研究，熟悉新创企业面临的法律困难，在法律咨询过程中还能为新创企业提供法律指导。尤其在面对一些潜在性问题时，专业的律师团队会提前防控并提示风险，提出解决措施。

然而，现实情况是创业者及创业团队在资金有限的情况下，很难再挤出资金进行法律顾问的聘请，殊不知没有律师开展法律咨询，很容易在产品（服务）专利保护、营销策略、售后保障等方面出现一些违法违纪问题，此时所花费的经济支出肯定远超律师咨询费用，甚至会出现新创企业的破产、清算。

**【创业茶歇】**
这么多法律，没研究过，也记不住，怎么办？

# 第二节　相关法律条文摘录

创业者及创业团队需要了解的法律知识有很多，以下就创业过程中常用的法律条文及相关条款进行摘录。

## 一、《中华人民共和国民法典》

民法典由总则、物权、合同、人格权、婚姻家庭、继承、侵权责任、附则组成。

第一条　为了保护民事主体的合法权益，调整民事关系，维护社会和经济秩序，适应中国特色社会主义发展要求，弘扬社会主义核心价值观，根据宪法，制定本法。

第二条　民法调整平等主体的自然人、法人和非法人组织之间的人身关系和财产关系。

第三条　民事主体的人身权利、财产权利以及其他合法权益受法律保护，任何组织或者个人不得侵犯。

第四条　民事主体在民事活动中的法律地位一律平等。

第五条　民事主体从事民事活动，应当遵循自愿原则，按照自己的意愿设立、变更、终止民事法律关系。

第六条　民事主体从事民事活动，应当遵循公平原则，合理确定各方的权利和义务。

第七条　民事主体从事民事活动，应当遵循诚信原则，秉持诚实，恪守承诺。

第八条　民事主体从事民事活动，不得违反法律，不得违背公序良俗。

第九条　民事主体从事民事活动，应当有利于节约资源、保护生态环境。

第十条　处理民事纠纷，应当依照法律；法律没有规定的，可以适用习惯，但是不得违背公序良俗。

第十三条　自然人从出生时起到死亡时止，具有民事权利能力，依法享有民事权利，承担民事义务。

第十四条　自然人的民事权利能力一律平等。

第十七条　十八周岁以上的自然人为成年人。不满十八周岁的自然人为未成年人。

第十八条　成年人为完全民事行为能力人，可以独立实施民事法律行为。

十六周岁以上的未成年人，以自己的劳动收入为主要生活来源的，视为完全民事行为能力人。

第五十七条　法人是具有民事权利能力和民事行为能力，依法独立享有民事权利和承担民事义务的组织。

第五十八条　法人应当依法成立。

法人应当有自己的名称、组织机构、住所、财产或者经费。法人成立的具体条件和程序，依照法律、行政法规的规定设立法人，法律、行政法规规定须经有关机关批准的，依照其规定。

第五十九条　法人的民事权利能力和民事行为能力，从法人成立时产生，到法人终止时消灭。

第六十条　法人以其全部财产独立承担民事责任。

第七十六条　以取得利润并分配给股东等出资人为目的成立的法人，为营利法人。营利法人包括有限责任公司、股份有限公司和其他企业法人等。

第七十七条　营利法人经依法登记成立。

第七十八条　依法设立的营利法人，由登记机关发给营利法人营业执照。营业执照签发日期为营利法人的成立日期。

第七十九条　设立营利法人应当依法制定法人章程。

第八十条　营利法人应当设权力机构。

权力机构行使修改法人章程，选举或者更换执行机构、监督机构成员，以及法人章程规定的其他职权。

第八十一条　营利法人应当设执行机构。

执行机构行使召集权力机构会议，决定法人的经营计划和投资方案，决定法人内部管理机构的设置，以及法人章程规定的其他职权。

执行机构为董事会或者执行董事的，董事长、执行董事或者经理按照法人章程的规定担任法定代表人；未设董事会或者执行董事的，法人章程规定的主要负责人为其执行机构和法定代表人。

第八十二条　营利法人设监事会或者监事等监督机构的，监督机构依法行使检查法人财务，监督执行机构成员、高级管理人员执行法人职务的行为，以及法人章程规定的其他职权。

第八十三条　营利法人的出资人不得滥用出资人权利损害法人或者其他出资人的利益；滥用出资人权利造成法人或者其他出资人损失的，应当依法承担民事责任。

营利法人的出资人不得滥用法人独立地位和出资人有限责任损害法人债权人的利益；滥用法人独立地位和出资人有限责任，逃避债务，严重损害法人债权人的利益的，应当对法人债务承担连带责任。

第八十四条　营利法人的控股出资人、实际控制人、董事、监事、高级管理人员不得利用其关联关系损害法人的利益；利用关联关系造成法人损失的，应当承担赔偿责任。

第八十五条　营利法人的权力机构、执行机构作出决议的会议召集程序、表决方式违反法律、行政法规、法人章程，或者决议内容违反法人章程的，营利法人的出资人可以请求人民法院撤销该决议。但是，营利法人依据该决议与善意相对人形成的民事法律关系不受影响。

第八十六条　营利法人从事经营活动，应当遵守商业道德，维护交易安全，接受政府和社会的监督，承担社会责任。

第一百二十三条　民事主体依法享有知识产权。

知识产权是权利人依法就下列客体享有的专有的权利：

（一）作品；

（二）发明、实用新型、外观设计；

（三）商标；

（四）地理标志；

（五）商业秘密；

（六）集成电路布图设计；

（七）植物新品种；

（八）法律规定的其他客体。

第一百三十三条　民事法律行为是民事主体通过意思表示设立、变更、终止民事法律关系的行为。

第一百三十四条　民事法律行为可以基于双方或者多方的意思表示一致成立，也可以基于单方的意思表示成立。

法人、非法人组织依照法律或者章程规定的议事方式和表决程序作出决议的，该决议行为成立。

第一百三十五条　民事法律行为可以采用书面形式、口头形式或者其他形式；法律、行政法规规定或者当事人约定采用特定形式的，应当采用特定形式。

第三编　合同

第四百六十四条　合同是民事主体之间设立、变更、终止民事法律关系的协议。

第四百六十五条　依法成立的合同，受法律保护。

第四百六十九条　当事人订立合同，可以采用书面形式、口头形式或者其他形式。

书面形式是合同书、信件、电报、电传、传真等可以有形地表现所载内容的形式。

以电子数据交换、电子邮件等方式能够有形地表现所载内容，并可以随时调取查用的数据电文，视为书面形式。

第四百七十一条　当事人订立合同，可以采取要约、承诺方式或者其他方式。

第五百条　当事人在订立合同过程中有下列情形之一，造成对方损失的，应当承担赔偿责任：

（一）假借订立合同，恶意进行磋商；

（二）故意隐瞒与订立合同有关的重要事实或者提供虚假情况；

（三）有其他违背诚信原则的行为。

第五百二十七条　应当先履行债务的当事人，有确切证据证明对方有下列情形之一的，可以中止履行：

（一）经营状况严重恶化；

（二）转移财产、抽逃资金，以逃避债务；

（三）丧失商业信誉；

（四）有丧失或者可能丧失履行债务能力的其他情形。

当事人没有确切证据中止履行的，应当承担违约责任。

第四编　人格权

第九百九十条　人格权是民事主体享有的生命权、身体权、健康权、姓名权、名称权、肖像权、名誉权、荣誉权、隐私权等权利。

第九百九十一条　民事主体的人格权受法律保护，任何组织或者个人不得侵害。

第九百九十二条　人格权不得放弃、转让或者继承。

第七编　侵权责任

第一千一百六十四条　本编调整因侵害民事权益产生的民事关系。

第一千一百六十五条　行为人因过错侵害他人民事权益造成损害的，应当承担侵权责任。

依照法律规定推定行为人有过错，其不能证明自己没有过错的，应当承担侵权责任。

第一千一百九十八条　宾馆、商场、银行、车站、机场、体育场馆、娱乐场所等经营场所、公共场所的经营者、管理者或者群众性活动的组织者，未尽到安全保障义务，造成他人损害的，应当承担侵权责任。

第一千二百零二条　因产品存在缺陷造成他人损害的，生产者应当承担侵权责任。

第一千二百零三条　因产品存在缺陷造成他人损害的，被侵权人可以向产品的生产者请求赔偿，也可以向产品的销售者请求赔偿。

产品缺陷由生产者造成的，销售者赔偿后，有权向生产者追偿。因销售者的过错使产品存在缺陷的，生产者赔偿后，有权向销售者追偿。

第一千二百零四条　因运输者、仓储者等第三人的过错使产品存在缺陷，造成他人损害的，产品的生产者、销售者赔偿后，有权向第三人追偿。

第一千二百零五条　因产品缺陷危及他人人身、财产安全的，被侵权人有权请求生产者、销售者承担停止侵害、排除妨碍、消除危险等侵权责任。

第一千二百零六条　产品投入流通后发现存在缺陷的，生产者、销售者应当及时采取停止销售、警示、召回等补救措施；未及时采取补救措施或者补救措施不力造成损害扩大的，对扩大的损害也应当承担侵权责任。

依据前款规定采取召回措施的，生产者、销售者应当负担被侵权人因此支出的必要费用。

第一千二百零七条　明知产品存在缺陷仍然生产、销售，或者没有依据前条规定采取有效补救措施，造成他人死亡或者健康严重损害的，被侵权人有权请求相应的惩罚性赔偿。

第一千二百六十条　本法自 2021 年 1 月 1 日起施行。《中华人民共和国婚姻法》《中华人民共和国继承法》《中华人民共和国民法通则》《中华人民共和国收养法》《中华人民共和国担保法》《中华人民共和国合同法》《中华人民共和国物权法》《中华人民共和国侵权责任法》《中华人民共和国民法总则》同时废止。

## 二、《中华人民共和国商标法》

### 第一章　总　则

**第一条**　为了加强商标管理，保护商标专用权，促使生产者保证商品质量和维护商标信誉，以保障消费者的利益，促进社会主义商品经济的发展，特制定本法。

**第三条**　经商标局核准注册的商标为注册商标，商标注册人享有商标专用权，受法律保护。

**第四条**　企业、事业单位和个体工商业者，对其生产、制造、加工、拣选或者经销的商品，需要取得商标专用权的，应当向商标局申请商品商标注册。企业、事业单位和个体工商业者，对其提供的服务项目，需要取得商标专用权的，应当向商标局申请服务商标注册。本法有关商品商标的规定，适用于服务商标。

**第五条**　国家规定必须使用注册商标的商品，必须申请商标注册，未经核准注册的，不得在市场销售。

**第八条**　商标不得使用下列文字、图形：

（1）同中华人民共和国的国家名称、国旗、国徽、军旗、勋章相同或者近似的；

（2）同外国的国家名称、国旗、国徽、军旗相同或者近似的；

（3）同政府间国际组织的旗帜、徽记、名称相同或者近似的；

（4）同"红十字""红新月"的标志、名称相同或者近似的；

（5）本商品的通用名称和图形；

（6）直接表示商品的质量、主要原料、功能、用途、重量、数量及其他特点的；

（7）带有民族歧视性的；

（8）夸大宣传并带有欺骗性的；

（9）有害于社会主义道德风尚或者有其他不良影响的。

县级以上行政区划的地名或者公众知晓的外国地名，不得作为商标，但是，地名具有其他含义的除外；已经注册的使用地名的商标继续有效。

**第十三条**　注册商标需要在同一类的其他商品上使用的，应当另行提出注册申请。

**第十四条**　注册商标需要改变文字、图形的，应当重新提出注册申请。

**第十五条**　注册商标需要变更注册人的名义、地址或者其他注册事项的，应当提出变更申请。

**第十八条**　两个或者两个以上的申请人，在同一种商品或者类似商品上，以相同或者近似的商标申请注册的，初步审定并公告申请在先的商标；同一天申请的，初步审定并公告使用在先的商标，驳回其他人的申请，不予公告。

**第十九条**　对初步审定的商标，自公告之日起三个月内，任何人均可以提出异议。无异议或者经裁定异议不能成立的，始予核准注册，发给商标注册证，并予公告；经裁定异议成立的，不予核准注册。

**第二章　商标注册的申请**

第二十三条　注册商标的有效期为十年，自核准注册之日起计算。

第二十四条　注册商标有效期满，需要继续使用的，应当在期满前六个月内申请续展注册；在此期间未能提出申请的，可以给予六个月的宽展期。宽展期满仍未提出申请的，注销其注册商标。每次续展注册的有效期为十年。续展注册经核准后，予以公告。

第二十七条　已经注册的商标，违反本法第八条规定的，或者是以欺骗手段或者其他不正当手段取得注册的，由商标局撤销该注册商标；其他单位或者个人可以请求商标评审委员会裁定撤销该注册商标。除前款规定的情形外，对已经注册的商标有争议的，可以自该商标经核准注册之日起一年内，向商标评审委员会申请裁定。商标评审委员会收到裁定申请后，应当通知有关当事人，并限期提出答辩。

**第三章　商标注册的审查和标准**

第三十条　使用注册商标，有下列行为之一的，由商标局责令限期改正或者撤销其注册商标：

（1）自行改变注册商标的文字、图形或者其组合的；

（2）自行改变注册商标的注册人名义、地址或者其他注册事项的；

（3）自行转让注册商标的；

（4）连续三年停止使用的。

第三十一条　使用注册商标，其商品粗制滥造，以次充好，欺骗消费者的，由各级工商行政管理部门分别不同情况，责令限期改正，并可以予以通报或者处以罚款，或者由商标局撤销其注册商标。

第三十二条　注册商标被撤销的或者期满不再续展的，自撤销或者注销之日起一年内，商标局对与该商标相同或者近似的商标注册申请，不予核准。

第三十四条　使用未注册商标，有下列行为之一的，由地方工商行政管理部门予以制止，限期改正，并可以予以通报或者处以罚款：

（1）冒充注册商标的；

（2）违反本法第八条规定的；

（3）粗制滥造，以次充好，欺骗消费者的。

第三十五条　对商标局撤销注册商标的决定，当事人不服的，可以在收到通知十五天内申请复审，由商标评审委员会做出终局决定，并书面通知申请人。

第三十六条　对工商行政管理部门根据本法第三十一条、第三十三条、第三十四条的规定做出的罚款决定，当事人不服的，可以在收到通知十五天内，向人民法院起诉；期满不起诉又不履行的，由有关工商行政管理部门申请人民法院强制执行。

**第四章　注册商标专用权的保护**

第四十三条　本法自1983年3月1日起施行。1963年4月10日国务院公布的《商标管理条例》同时废止；其他有关商标管理的规定，凡与本法抵触的，同时失效。本法施行以前已经注册的商标继续有效。

### 三、《中华人民共和国劳动法》

第一条　为了完善劳动合同制度，明确劳动合同双方当事人的权利和义务，保护劳动者的合法权益，构建和发展和谐稳定的劳动关系，制定本法。

第二条　中华人民共和国境内的企业、个体经济组织、民办非企业单位等组织（以下称用人单位）与劳动者建立劳动关系，订立、履行、变更、解除或者终止劳动合同，适用本法。

国家机关、事业单位、社会团体和与其建立劳动关系的劳动者，订立、履行、变更、解除或者终止劳动合同，依照本法执行。

第三条　订立劳动合同，应当遵循合法、公平、平等自愿、协商一致、诚实信用的原则。依法订立的劳动合同具有约束力，用人单位与劳动者应当履行劳动合同约定的义务。

第四条　用人单位应当依法建立和完善劳动规章制度，保障劳动者享有劳动权利、履行劳动义务。

用人单位在制定、修改或者决定有关劳动报酬、工作时间、休息休假、劳动安全卫生、保险福利、职工培训、劳动纪律以及劳动定额管理等直接涉及劳动者切身利益的规章制度或者重大事项时，应当经职工代表大会或者全体职工讨论，提出方案和意见，与工会或者职工代表平等协商确定。

在规章制度和重大事项决定实施过程中，工会或者职工认为不适当的，有权向用人单位提出，通过协商予以修改完善。

用人单位应当将直接涉及劳动者切身利益的规章制度和重大事项决定公示，或者告知劳动者。

第七条　用人单位自用工之日起即与劳动者建立劳动关系。用人单位应当建立职工名册备查。

第八条　用人单位招用劳动者时，应当如实告知劳动者工作内容、工作条件、工作地点、职业危害、安全生产状况、劳动报酬，以及劳动者要求了解的其他情况；用人单位有权了解劳动者与劳动合同直接相关的基本情况，劳动者应当如实说明。

第九条　用人单位招用劳动者，不得扣押劳动者的居民身份证和其他证件，不得要求劳动者提供担保或者以其他名义向劳动者收取财物。

第十条　建立劳动关系，应当订立书面劳动合同。

已建立劳动关系，未同时订立书面劳动合同的，应当自用工之日起一个月内订立书面劳动合同。用人单位与劳动者在用工前订立劳动合同的，劳动关系自用工之日起建立。

第十一条　用人单位未在用工的同时订立书面劳动合同，与劳动者约定的劳动报酬不明确的，新招用的劳动者的劳动报酬按照集体合同规定的标准执行；没有集体合同或者集体合同未规定的，实行同工同酬。

第十二条　劳动合同分为固定期限劳动合同、无固定期限劳动合同和以完成一定工作任务为期限的劳动合同。

第十三条　固定期限劳动合同，是指用人单位与劳动者约定合同终止时间的劳动合同。用人单位与劳动者协商一致，可以订立固定期限劳动合同。

第十四条　无固定期限劳动合同，是指用人单位与劳动者约定无确定终止时间的劳动合同。

用人单位与劳动者协商一致，可以订立无固定期限劳动合同。有下列情形之一，劳动者提出或者同意续订、订立劳动合同的，除劳动者提出订立固定期限劳动合同外，应当订立无固定期限劳动合同：

（一）劳动者在该用人单位连续工作满十年的；

（二）用人单位初次实行劳动合同制度或者国有企业改制重新订立劳动合同时，劳动者在该用人单位连续工作满十年且距法定退休年龄不足十年的；

（三）连续订立二次固定期限劳动合同，且劳动者没有本法第三十九条和第四十条第一项、第二项规定的情形，续订劳动合同的。

用人单位自用工之日起满一年不与劳动者订立书面劳动合同的，视为用人单位与劳动者已订立无固定期限劳动合同。

第十五条　以完成一定工作任务为期限的劳动合同，是指用人单位与劳动者约定以某项工作的完成为合同期限的劳动合同。

用人单位与劳动者协商一致，可以订立以完成一定工作任务为期限的劳动合同。

第十六条　劳动合同由用人单位与劳动者协商一致，并经用人单位与劳动者在劳动合同文本上签字或者盖章生效。

劳动合同文本由用人单位和劳动者各执一份。

第十七条　劳动合同应当具备以下条款：

（一）用人单位的名称、住所和法定代表人或者主要负责人；

（二）劳动者的姓名、住址和居民身份证或者其他有效身份证件号码；

（三）劳动合同期限；

（四）工作内容和工作地点；

（五）工作时间和休息休假；

（六）劳动报酬；

（七）社会保险；

（八）劳动保护、劳动条件和职业危害防护；

（九）法律、法规规定应当纳入劳动合同的其他事项。

劳动合同除前款规定的必备条款外，用人单位与劳动者可以约定试用期、培训、保守秘密、补充保险和福利待遇等其他事项。

第十九条　劳动合同期限三个月以上不满一年的，试用期不得超过一个月；劳动合同期限一年以上不满三年的，试用期不得超过二个月；三年以上固定期限和无固定期限的劳动合同，试用期不得超过六个月。

同一用人单位与同一劳动者只能约定一次试用期。

第二十条　劳动者在试用期的工资不得低于本单位相同岗位最低档工资或者劳动合

同约定工资的百分之八十，并不得低于用人单位所在地的最低工资标准。

第二十二条　用人单位为劳动者提供专项培训费用，对其进行专业技术培训的，可以与该劳动者订立协议，约定服务期。

劳动者违反服务期约定的，应当按照约定向用人单位支付违约金。违约金的数额不得超过用人单位提供的培训费用。用人单位要求劳动者支付的违约金不得超过服务期尚未履行部分所应分摊的培训费用。

第二十三条　用人单位与劳动者可以在劳动合同中约定保守用人单位的商业秘密和与知识产权相关的保密事项。

对负有保密义务的劳动者，用人单位可以在劳动合同或者保密协议中与劳动者约定竞业限制条款，并约定在解除或者终止劳动合同后，在竞业限制期限内按月给予劳动者经济补偿。劳动者违反竞业限制约定的，应当按照约定向用人单位支付违约金。

第二十四条　竞业限制的人员限于用人单位的高级管理人员、高级技术人员和其他负有保密义务的人员。竞业限制的范围、地域、期限由用人单位与劳动者约定，竞业限制的约定不得违反法律、法规的规定。

第三十条　用人单位应当按照劳动合同约定和国家规定，向劳动者及时足额支付劳动报酬。

用人单位拖欠或者未足额支付劳动报酬的，劳动者可以依法向当地人民法院申请支付令，人民法院应当依法发出支付令。

第三十三条　用人单位变更名称、法定代表人、主要负责人或者投资人等事项，不影响劳动合同的履行。

第三十七条　劳动者提前三十日以书面形式通知用人单位，可以解除劳动合同。劳动者在试用期内提前三日通知用人单位，可以解除劳动合同。

第三十八条　用人单位有下列情形之一的，劳动者可以解除劳动合同：

（一）未按照劳动合同约定提供劳动保护或者劳动条件的；

（二）未及时足额支付劳动报酬的；

（三）未依法为劳动者缴纳社会保险费的；

（四）用人单位的规章制度违反法律、法规的规定，损害劳动者权益的；

（五）因本法第二十六条第一款规定的情形致使劳动合同无效的；

（六）法律、行政法规规定劳动者可以解除劳动合同的其他情形。

用人单位以暴力、威胁或者非法限制人身自由的手段强迫劳动者劳动的，或者用人单位违章指挥、强令冒险作业危及劳动者人身安全的，劳动者可以立即解除劳动合同，不需事先告知用人单位。

第三十九条　劳动者有下列情形之一的，用人单位可以解除劳动合同：

（一）在试用期间被证明不符合录用条件的；

（二）严重违反用人单位的规章制度的；

（三）严重失职，营私舞弊，给用人单位造成重大损害的；

（四）劳动者同时与其他用人单位建立劳动关系，对完成本单位的工作任务造成严重影响，或者经用人单位提出，拒不改正的；

（五）因本法第二十六条第一款第一项规定的情形致使劳动合同无效的；

（六）被依法追究刑事责任的。

第四十二条　劳动者有下列情形之一的，用人单位不得依照本法第四十条、第四十一条的规定解除劳动合同：

（一）从事接触职业病危害作业的劳动者未进行离岗前职业健康检查，或者疑似职业病病人在诊断或者医学观察期间的；

（二）在本单位患职业病或者因工负伤并被确认丧失或者部分丧失劳动能力的；

（三）患病或者非因工负伤，在规定的医疗期内的；

（四）女职工在孕期、产期、哺乳期的；

（五）在本单位连续工作满十五年，且距法定退休年龄不足五年的；

（六）法律、行政法规规定的其他情形。

第四十四条　有下列情形之一的，劳动合同终止：

（一）劳动合同期满的；

（二）劳动者开始依法享受基本养老保险待遇的；

（三）劳动者死亡，或者被人民法院宣告死亡或者宣告失踪的；

（四）用人单位被依法宣告破产的；

（五）用人单位被吊销营业执照、责令关闭、撤销或者用人单位决定提前解散的；

（六）法律、行政法规规定的其他情形。

第四十五条　劳动合同期满，有本法第四十二条规定情形之一的，劳动合同应当续延至相应的情形消失时终止。但是，本法第四十二条第二项规定丧失或者部分丧失劳动能力劳动者的劳动合同的终止，按照国家有关工伤保险的规定执行。

第四十六条　有下列情形之一的，用人单位应当向劳动者支付经济补偿：

（一）劳动者依照本法第三十八条规定解除劳动合同的；

（二）用人单位依照本法第三十六条规定向劳动者提出解除劳动合同并与劳动者协商一致解除劳动合同的；

（三）用人单位依照本法第四十条规定解除劳动合同的；

（四）用人单位依照本法第四十一条第一款规定解除劳动合同的；

（五）除用人单位维持或者提高劳动合同约定条件续订劳动合同，劳动者不同意续订的情形外，依照本法第四十四条第一项规定终止固定期限劳动合同的；

（六）依照本法第四十四条第四项、第五项规定终止劳动合同的；

（七）法律、行政法规规定的其他情形。

第五十九条　劳务派遣单位派遣劳动者应当与接受以劳务派遣形式用工的单位（以下称用工单位）订立劳务派遣协议。劳务派遣协议应当约定派遣岗位和人员数量、派遣期限、劳动报酬和社会保险费的数额与支付方式以及违反协议的责任。

用工单位应当根据工作岗位的实际需要与劳务派遣单位确定派遣期限，不得将连续用工期限分割订立数个短期劳务派遣协议。

第六十八条　非全日制用工，是指以小时计酬为主，劳动者在同一用人单位一般平均每日工作时间不超过四小时，每周工作时间累计不超过二十四小时的用工形式。

第七十三条　国务院劳动行政部门负责全国劳动合同制度实施的监督管理。

县级以上地方人民政府劳动行政部门负责本行政区域内劳动合同制度实施的监督管理。

县级以上各级人民政府劳动行政部门在劳动合同制度实施的监督管理工作中，应当听取工会、企业方面代表以及有关行业主管部门的意见。

第七十九条　任何组织或者个人对违反本法的行为都有权举报，县级以上人民政府劳动行政部门应当及时核实、处理，并对举报有功人员给予奖励。

第八十条　用人单位直接涉及劳动者切身利益的规章制度违反法律、法规规定的，由劳动行政部门责令改正，给予警告；给劳动者造成损害的，应当承担赔偿责任。

第八十二条　用人单位自用工之日起超过一个月不满一年未与劳动者订立书面劳动合同的，应当向劳动者每月支付二倍的工资。

用人单位违反本法规定不与劳动者订立无固定期限劳动合同的，自应当订立无固定期限劳动合同之日起向劳动者每月支付二倍的工资。

第八十八条　用人单位有下列情形之一的，依法给予行政处罚；构成犯罪的，依法追究刑事责任；给劳动者造成损害的，应当承担赔偿责任：

（一）以暴力、威胁或者非法限制人身自由的手段强迫劳动的；

（二）违章指挥或者强令冒险作业危及劳动者人身安全的；

（三）侮辱、体罚、殴打、非法搜查或者拘禁劳动者的；

（四）劳动条件恶劣、环境污染严重，给劳动者身心健康造成严重损害的。

## 四、《中华人民共和国保险法》

第一条　为了规范保险活动，保护保险活动当事人的合法权益，加强对保险业的监督管理，维护社会经济秩序和社会公共利益，促进保险事业的健康发展，制定本法。

第二条　本法所称保险，是指投保人根据合同约定，向保险人支付保险费，保险人对于合同约定的可能发生的事故因其发生所造成的财产损失承担赔偿保险金责任，或者当被保险人死亡、伤残、疾病或者达到合同约定的年龄、期限等条件时承担给付保险金责任的商业保险行为。

第五十条　货物运输保险合同和运输工具航程保险合同，保险责任开始后，合同当事人不得解除合同。

## 五、《中华人民共和国公司法》

第一条　为了规范公司的组织和行为，保护公司、股东和债权人的合法权益，维护社会经济秩序，促进社会主义市场经济的发展，制定本法。

第二条　本法所称公司是指依照本法在中国境内设立的有限责任公司和股份有限公司。

第三条　公司是企业法人，有独立的法人财产，享有法人财产权。公司以其全部财产对公司的债务承担责任。

有限责任公司的股东以其认缴的出资额为限对公司承担责任；股份有限公司的股东以其认购的股份为限对公司承担责任。

第四条　公司股东依法享有资产收益、参与重大决策和选择管理者等权利。

第五条　公司从事经营活动，必须遵守法律、行政法规，遵守社会公德、商业道德，诚实守信，接受政府和社会公众的监督，承担社会责任。

公司的合法权益受法律保护，不受侵犯。

第六条　设立公司，应当依法向公司登记机关申请设立登记。符合本法规定的设立条件的，由公司登记机关分别登记为有限责任公司或者股份有限公司；不符合本法规定的设立条件的，不得登记为有限责任公司或者股份有限公司。

法律、行政法规规定设立公司必须报经批准的，应当在公司登记前依法办理批准手续。

公众可以向公司登记机关申请查询公司登记事项，公司登记机关应当提供查询服务。

第七条　依法设立的公司，由公司登记机关发给公司营业执照。公司营业执照签发日期为公司成立日期。

公司营业执照应当载明公司的名称、住所、注册资本、经营范围、法定代表人姓名等事项。

公司营业执照记载的事项发生变更的，公司应当依法办理变更登记，由公司登记机关换发营业执照。

第八条　依照本法设立的有限责任公司，必须在公司名称中标明有限责任公司或者有限公司字样。

依照本法设立的股份有限公司，必须在公司名称中标明股份有限公司或者股份公司字样。

第九条　有限责任公司变更为股份有限公司，应当符合本法规定的股份有限公司的条件。股份有限公司变更为有限责任公司，应当符合本法规定的有限责任公司的条件。

有限责任公司变更为股份有限公司的，或者股份有限公司变更为有限责任公司的，公司变更前的债权、债务由变更后的公司承继。

第十条　公司以其主要办事机构所在地为住所。

第十一条　设立公司必须依法制定公司章程。公司章程对公司、股东、董事、监事、高级管理人员具有约束力。

第十二条　公司的经营范围由公司章程规定，并依法登记。公司可以修改公司章程，改变经营范围，但是应当办理变更登记。

公司的经营范围中属于法律、行政法规规定须经批准的项目，应当依法经过批准。

第十九条　在公司中，根据中国共产党章程的规定，设立中国共产党的组织，开展党的活动。公司应当为党组织的活动提供必要条件。

第二十三条　设立有限责任公司，应当具备下列条件：

（一）股东符合法定人数；

（二）有符合公司章程规定的全体股东认缴的出资额；

（三）股东共同制定公司章程；

（四）有公司名称，建立符合有限责任公司要求的组织机构；

（五）有公司住所。

第二十四条　有限责任公司由五十个以下股东出资设立。

第二十五条　有限责任公司章程应当载明下列事项：

（一）公司名称和住所；

（二）公司经营范围；

（三）公司注册资本；

（四）股东的姓名或者名称；

（五）股东的出资方式、出资额和出资时间；

（六）公司的机构及其产生办法、职权、议事规则；

（七）公司法定代表人；

（八）股东会会议认为需要规定的其他事项。

股东应当在公司章程上签名、盖章。

第二十六条　有限责任公司的注册资本为在公司登记机关登记的全体股东认缴的出资额。

法律、行政法规以及国务院决定对有限责任公司注册资本实缴、注册资本最低限额另有规定的，从其规定。

第二十七条　股东可以用货币出资，也可以用实物、知识产权、土地使用权等可以用货币估价并可以依法转让的非货币财产作价出资；但是，法律、行政法规规定不得作为出资的财产除外。

对作为出资的非货币财产应当评估作价，核实财产，不得高估或者低估作价。法律、行政法规对评估作价有规定的，从其规定。

第二十八条　股东应当按期足额缴纳公司章程中规定的各自所认缴的出资额。股东以货币出资的，应当将货币出资足额存入有限责任公司在银行开设的账户；以非货币财产出资的，应当依法办理其财产权的转移手续。

股东不按照前款规定缴纳出资的，除应当向公司足额缴纳外，还应当向已按期足额缴纳出资的股东承担违约责任。

第二十九条　股东认足公司章程规定的出资后，由全体股东指定的代表或者共同委托的代理人向公司登记机关报送公司登记申请书、公司章程等文件，申请设立登记。

第三十条　有限责任公司成立后，发现作为设立公司出资的非货币财产的实际价额显著低于公司章程所定价额的，应当由交付该出资的股东补足其差额；公司设立时的其他股东承担连带责任。

第三十一条　有限责任公司成立后，应当向股东签发出资证明书。

出资证明书应当载明下列事项：

（一）公司名称；

（二）公司成立日期；

（三）公司注册资本；

（四）股东的姓名或者名称、缴纳的出资额和出资日期；

（五）出资证明书的编号和核发日期。

出资证明书由公司盖章。

第三十二条　有限责任公司应当置备股东名册，记载下列事项：

（一）股东的姓名或者名称及住所；

（二）股东的出资额；

（三）出资证明书编号。

记载于股东名册的股东，可以依股东名册主张行使股东权利。

公司应当将股东的姓名或者名称向公司登记机关登记；登记事项发生变更的，应当办理变更登记。未经登记或者变更登记的，不得对抗第三人。

第三十三条　股东有权查阅、复制公司章程、股东会会议记录、董事会会议决议、监事会会议决议和财务会计报告。

股东可以要求查阅公司会计账簿。股东要求查阅公司会计账簿的，应当向公司提出书面请求，说明目的。公司有合理根据认为股东查阅会计账簿有不正当目的，可能损害公司合法利益的，可以拒绝提供查阅，并应当自股东提出书面请求之日起十五日内书面答复股东并说明理由。公司拒绝提供查阅的，股东可以请求人民法院要求公司提供查阅。

第三十四条　股东按照实缴的出资比例分取红利；公司新增资本时，股东有权优先按照实缴的出资比例认缴出资。但是，全体股东约定不按照出资比例分取红利或者不按照出资比例优先认缴出资的除外。

第三十五条　公司成立后，股东不得抽逃出资。

第五十一条　有限责任公司设监事会，其成员不得少于三人。股东人数较少或者规模较小的有限责任公司，可以设一至二名监事，不设监事会。

第五十二条　监事的任期每届为三年。监事任期届满，连选可以连任。

第五十八条　一个自然人只能投资设立一个一人有限责任公司。该一人有限责任公司不能投资设立新的一人有限责任公司。

第五十九条　一人有限责任公司应当在公司登记中注明自然人独资或者法人独资，并在公司营业执照中载明。

第六十条　一人有限责任公司章程由股东制定。

第六十一条　一人有限责任公司不设股东会。股东作出本法第三十七条第一款所列决定时，应当采用书面形式，并由股东签名后置备于公司。

第六十二条　一人有限责任公司应当在每一会计年度终了时编制财务会计报告，并经会计师事务所审计。

第六十三条　一人有限责任公司的股东不能证明公司财产独立于股东自己的财产的，应当对公司债务承担连带责任。

## 六、《中华人民共和国反不正当竞争法》

第一条　为了促进社会主义市场经济健康发展，鼓励和保护公平竞争，制止不正当竞争行为，保护经营者和消费者的合法权益，制定本法。

第二条　经营者在生产经营活动中，应当遵循自愿、平等、公平、诚信的原则，遵守法律和商业道德。

本法所称的不正当竞争行为，是指经营者在生产经营活动中，违反本法规定，扰乱市场竞争秩序，损害其他经营者或者消费者的合法权益的行为。

本法所称的经营者，是指从事商品生产、经营或者提供服务（以下所称商品包括服务）的自然人、法人和非法人组织。

第六条　经营者不得实施下列混淆行为，引人误认为是他人商品或者与他人存在特定联系：

（一）擅自使用与他人有一定影响的商品名称、包装、装潢等相同或者近似的标识；

（二）擅自使用他人有一定影响的企业名称（包括简称、字号等）、社会组织名称（包括简称等）、姓名（包括笔名、艺名、译名等）；

（三）擅自使用他人有一定影响的域名主体部分、网站名称、网页等；

（四）其他足以引人误认为是他人商品或者与他人存在特定联系的混淆行为。

第七条　经营者不得采用财物或者其他手段贿赂下列单位或者个人，以谋取交易机会或者竞争优势：

（一）交易相对方的工作人员；

（二）受交易相对方委托办理相关事务的单位或者个人；

（三）利用职权或者影响力影响交易的单位或者个人。

经营者在交易活动中，可以以明示方式向交易相对方支付折扣，或者向中间人支付佣金。经营者向交易相对方支付折扣、向中间人支付佣金的，应当如实入账。接受折扣、佣金的经营者也应当如实入账。

经营者的工作人员进行贿赂的，应当认定为经营者的行为；但是，经营者有证据证明该工作人员的行为与为经营者谋取交易机会或者竞争优势无关的除外。

第八条　经营者不得对其商品的性能、功能、质量、销售状况、用户评价、曾获荣誉等作虚假或者引人误解的商业宣传，欺骗、误导消费者。

经营者不得通过组织虚假交易等方式，帮助其他经营者进行虚假或者引人误解的商业宣传。

第九条　经营者不得实施下列侵犯商业秘密的行为：

（一）以盗窃、贿赂、欺诈、胁迫、电子侵入或者其他不正当手段获取权利人的商业秘密；

（二）披露、使用或者允许他人使用以前项手段获取的权利人的商业秘密；

（三）违反保密义务或者违反权利人有关保守商业秘密的要求，披露、使用或者允许他人使用其所掌握的商业秘密；

（四）教唆、引诱、帮助他人违反保密义务或者违反权利人有关保守商业秘密的要求，获取、披露、使用或者允许他人使用权利人的商业秘密。

经营者以外的其他自然人、法人和非法人组织实施前款所列违法行为的，视为侵犯商业秘密。

第三人明知或者应知商业秘密权利人的员工、前员工或者其他单位、个人实施本条第一款所列违法行为，仍获取、披露、使用或者允许他人使用该商业秘密的，视为侵犯商业秘密。

本法所称的商业秘密，是指不为公众所知悉、具有商业价值并经权利人采取相应保密措施的技术信息、经营信息等商业信息。

第十条　经营者进行有奖销售不得存在下列情形：

（一）所设奖的种类、兑奖条件、奖金金额或者奖品等有奖销售信息不明确，影响兑奖；

（二）采用谎称有奖或者故意让内定人员中奖的欺骗方式进行有奖销售；

（三）抽奖式的有奖销售，最高奖的金额超过五万元。

第十一条　经营者不得编造、传播虚假信息或者误导性信息，损害竞争对手的商业信誉、商品声誉。

第十二条　经营者利用网络从事生产经营活动，应当遵守本法的各项规定。

经营者不得利用技术手段，通过影响用户选择或者其他方式，实施下列妨碍、破坏其他经营者合法提供的网络产品或者服务正常运行的行为：

（一）未经其他经营者同意，在其合法提供的网络产品或者服务中，插入链接、强制进行目标跳转；

（二）误导、欺骗、强迫用户修改、关闭、卸载其他经营者合法提供的网络产品或者服务；

（三）恶意对其他经营者合法提供的网络产品或者服务实施不兼容；

（四）其他妨碍、破坏其他经营者合法提供的网络产品或者服务正常运行的行为。

第十三条　监督检查部门调查涉嫌不正当竞争行为，可以采取下列措施：

（一）进入涉嫌不正当竞争行为的经营场所进行检查；

（二）询问被调查的经营者、利害关系人及其他有关单位、个人，要求其说明有关情况或者提供与被调查行为有关的其他资料；

（三）查询、复制与涉嫌不正当竞争行为有关的协议、账簿、单据、文件、记录、业务函电和其他资料；

（四）查封、扣押与涉嫌不正当竞争行为有关的财物；

（五）查询涉嫌不正当竞争行为的经营者的银行账户。

采取前款规定的措施，应当向监督检查部门主要负责人书面报告，并经批准。采取前款第四项、第五项规定的措施，应当向设区的市级以上人民政府监督检查部门主要负责人书面报告，并经批准。

监督检查部门调查涉嫌不正当竞争行为，应当遵守《中华人民共和国行政强制法》和其他有关法律、行政法规的规定，并应当将查处结果及时向社会公开。

第二十一条 经营者以及其他自然人、法人和非法人组织违反本法第九条规定侵犯商业秘密的，由监督检查部门责令停止违法行为，没收违法所得，处十万元以上一百万元以下的罚款；情节严重的，处五十万元以上五百万元以下的罚款。

第二十二条 经营者违反本法第十条规定进行有奖销售的，由监督检查部门责令停止违法行为，处五万元以上五十万元以下的罚款。

第二十三条 经营者违反本法第十一条规定损害竞争对手商业信誉、商品声誉的，由监督检查部门责令停止违法行为、消除影响，处十万元以上五十万元以下的罚款；情节严重的，处五十万元以上三百万元以下的罚款。

第二十四条 经营者违反本法第十二条规定妨碍、破坏其他经营者合法提供的网络产品或者服务正常运行的，由监督检查部门责令停止违法行为，处十万元以上五十万元以下的罚款；情节严重的，处五十万元以上三百万元以下的罚款。

第二十五条 经营者违反本法规定从事不正当竞争，有主动消除或者减轻违法行为危害后果等法定情形的，依法从轻或者减轻行政处罚；违法行为轻微并及时纠正，没有造成危害后果的，不予行政处罚。

第二十六条 经营者违反本法规定从事不正当竞争，受到行政处罚的，由监督检查部门记入信用记录，并依照有关法律、行政法规的规定予以公示。

第二十七条 经营者违反本法规定，应当承担民事责任、行政责任和刑事责任，其财产不足以支付的，优先用于承担民事责任。

第二十八条 妨害监督检查部门依照本法履行职责，拒绝、阻碍调查的，由监督检查部门责令改正，对个人可以处五千元以下的罚款，对单位可以处五万元以下的罚款，并可以由公安机关依法给予治安管理处罚。

第二十九条 当事人对监督检查部门作出的决定不服的，可以依法申请行政复议或者提起行政诉讼。

第三十条 监督检查部门的工作人员滥用职权、玩忽职守、徇私舞弊或者泄露调查过程中知悉的商业秘密的，依法给予处分。

第三十一条 违反本法规定，构成犯罪的，依法追究刑事责任。

第三十二条 在侵犯商业秘密的民事审判程序中，商业秘密权利人提供初步证据，证明其已经对所主张的商业秘密采取保密措施，且合理表明商业秘密被侵犯，涉嫌侵权人应当证明权利人所主张的商业秘密不属于本法规定的商业秘密。

商业秘密权利人提供初步证据合理表明商业秘密被侵犯，且提供以下证据之一的，涉嫌侵权人应当证明其不存在侵犯商业秘密的行为：

（一）有证据表明涉嫌侵权人有渠道或者机会获取商业秘密，且其使用的信息与该商业秘密实质上相同；

（二）有证据表明商业秘密已经被涉嫌侵权人披露、使用或者有被披露、使用的风险；

（三）有其他证据表明商业秘密被涉嫌侵权人侵犯。

第三十三条 本法自 2018 年 1 月 1 日起施行。

## 七、《中华人民共和国产品质量法》

第一条　为了加强对产品质量的监督管理，提高产品质量水平，明确产品质量责任，保护消费者的合法权益，维护社会经济秩序，制定本法。

第二条　在中华人民共和国境内从事产品生产、销售活动，必须遵守本法。

本法所称产品是指经过加工、制作，用于销售的产品。

建设工程不适用本法规定；但是，建设工程使用的建筑材料、建筑构配件和设备，属于前款规定的产品范围的，适用本法规定。

第三条　生产者、销售者应当建立健全内部产品质量管理制度，严格实施岗位质量规范、质量责任以及相应的考核办法。

第四条　生产者、销售者依照本法规定承担产品质量责任。

第五条　禁止伪造或者冒用认证标志等质量标志；禁止伪造产品的产地，伪造或者冒用他人的厂名、厂址；禁止在生产、销售的产品中掺杂、掺假，以假充真，以次充好。

第六条　国家鼓励推行科学的质量管理方法，采用先进的科学技术，鼓励企业产品质量达到并且超过行业标准、国家标准和国际标准。

对产品质量管理先进和产品质量达到国际先进水平、成绩显著的单位和个人，给予奖励。

第十二条　产品质量应当检验合格，不得以不合格产品冒充合格产品。

第十三条　可能危及人体健康和人身、财产安全的工业产品，必须符合保障人体健康和人身、财产安全的国家标准、行业标准；未制定国家标准、行业标准的，必须符合保障人体健康和人身、财产安全的要求。

禁止生产、销售不符合保障人体健康和人身、财产安全的标准和要求的工业产品。具体管理办法由国务院规定。

第十四条　国家根据国际通用的质量管理标准，推行企业质量体系认证制度。企业根据自愿原则可以向国务院市场监督管理部门认可的或者国务院市场监督管理部门授权的部门认可的认证机构申请企业质量体系认证。经认证合格的，由认证机构颁发企业质量体系认证证书。

第二十二条　消费者有权就产品质量问题，向产品的生产者、销售者查询；向市场监督管理部门及有关部门申诉，接受申诉的部门应当负责处理。

第二十三条　保护消费者权益的社会组织可以就消费者反映的产品质量问题建议有关部门负责处理，支持消费者对因产品质量造成的损害向人民法院起诉。

第二十六条　生产者应当对其生产的产品质量负责。

产品质量应当符合下列要求：

（一）不存在危及人身、财产安全的不合理的危险，有保障人体健康和人身、财产安全的国家标准、行业标准的，应当符合该标准；

（二）具备产品应当具备的使用性能，但是，对产品存在使用性能的瑕疵作出说明的除外；

（三）符合在产品或者其包装上注明采用的产品标准，符合以产品说明、实物样品等方式表明的质量状况。

第二十七条　产品或者其包装上的标识必须真实，并符合下列要求：

（一）有产品质量检验合格证明；

（二）有中文标明的产品名称、生产厂厂名和厂址；

（三）根据产品的特点和使用要求，需要标明产品规格、等级、所含主要成分的名称和含量的，用中文相应予以标明；需要事先让消费者知晓的，应当在外包装上标明，或者预先向消费者提供有关资料；

（四）限期使用的产品，应当在显著位置清晰地标明生产日期和安全使用期或者失效日期；

（五）使用不当，容易造成产品本身损坏或者可能危及人身、财产安全的产品，应当有警示标志或者中文警示说明。

裸装的食品和其他根据产品的特点难以附加标识的裸装产品，可以不附加产品标识。

第二十八条　易碎、易燃、易爆、有毒、有腐蚀性、有放射性等危险物品以及储运中不能倒置和其他有特殊要求的产品，其包装质量必须符合相应要求，依照国家有关规定作出警示标志或者中文警示说明，标明储运注意事项。

第二十九条　生产者不得生产国家明令淘汰的产品。

第三十条　生产者不得伪造产地，不得伪造或者冒用他人的厂名、厂址。

第三十一条　生产者不得伪造或者冒用认证标志等质量标志。

第三十二条　生产者生产产品，不得掺杂、掺假，不得以假充真、以次充好，不得以不合格产品冒充合格产品。

第三十三条　销售者应当建立并执行进货检查验收制度，验明产品合格证明和其他标识。

第三十四条　销售者应当采取措施，保持销售产品的质量。

第三十五条　销售者不得销售国家明令淘汰并停止销售的产品和失效、变质的产品。

第三十六条　销售者销售的产品的标识应当符合本法第二十七条的规定。

第三十七条　销售者不得伪造产地，不得伪造或者冒用他人的厂名、厂址。

第三十八条　销售者不得伪造或者冒用认证标志等质量标志。

第三十九条　销售者销售产品，不得掺杂、掺假，不得以假充真、以次充好，不得以不合格产品冒充合格产品。

第四十条　售出的产品有下列情形之一的，销售者应当负责修理、更换、退货；给购买产品的消费者造成损失的，销售者应当赔偿损失：

（一）不具备产品应当具备的使用性能而事先未做说明的；

（二）不符合在产品或者其包装上注明采用的产品标准的；

（三）不符合以产品说明、实物样品等方式表明的质量状况的。

销售者依照前款规定负责修理、更换、退货、赔偿损失后，属于生产者的责任或者属于向销售者提供产品的其他销售者（以下简称供货者）的责任的，销售者有权向生产者、供货者追偿。

销售者未按照第一款规定给予修理、更换、退货或者赔偿损失的，由市场监督管理部门责令改正。

生产者之间，销售者之间，生产者与销售者之间订立的买卖合同、承揽合同有不同约定的，合同当事人按照合同约定执行。

第四十一条　因产品存在缺陷造成人身、缺陷产品以外的其他财产（以下简称他人财产）损害的，生产者应当承担赔偿责任。

生产者能够证明有下列情形之一的，不承担赔偿责任：

（一）未将产品投入流通的；

（二）产品投入流通时，引起损害的缺陷尚不存在的；

（三）将产品投入流通时的科学技术水平尚不能发现缺陷的存在的。

第四十二条　由于销售者的过错使产品存在缺陷，造成人身、他人财产损害的，销售者应当承担赔偿责任。

销售者不能指明缺陷产品的生产者也不能指明缺陷产品的供货者的，销售者应当承担赔偿责任。

第四十三条　因产品存在缺陷造成人身、他人财产损害的，受害人可以向产品的生产者要求赔偿，也可以向产品的销售者要求赔偿。属于产品的生产者的责任，产品的销售者赔偿的，产品的销售者有权向产品的生产者追偿。属于产品的销售者的责任，产品的生产者赔偿的，产品的生产者有权向产品的销售者追偿。

第四十四条　因产品存在缺陷造成受害人人身伤害的，侵害人应当赔偿医疗费、治疗期间的护理费、因误工减少的收入等费用；造成残疾的，还应当支付残疾者生活自助费、生活补助费、残疾赔偿金以及由其扶养的人所必需的生活费等费用；造成受害人死亡的，并应当支付丧葬费、死亡赔偿金以及由死者生前扶养的人所必需的生活费等费用。

因产品存在缺陷造成受害人财产损失的，侵害人应当恢复原状或者折价赔偿。受害人因此遭受其他重大损失的，侵害人应当赔偿损失。

第四十五条　因产品存在缺陷造成损害要求赔偿的诉讼时效期间为二年，自当事人知道或者应当知道其权益受到损害时起计算。

因产品存在缺陷造成损害要求赔偿的请求权，在造成损害的缺陷产品交付最初消费者满十年丧失；但是，尚未超过明示的安全使用期的除外。

第四十六条　本法所称缺陷，是指产品存在危及人身、他人财产安全的不合理的危险；产品有保障人体健康和人身、财产安全的国家标准、行业标准的，是指不符合该标准。

第四十七条　因产品质量发生民事纠纷时，当事人可以通过协商或者调解解决。当事人不愿通过协商、调解解决或者协商、调解不成的，可以根据当事人各方的协议向仲裁机构申请仲裁；当事人各方没有达成仲裁协议或者仲裁协议无效的，可以直接向人民法院起诉。

第四十八条 仲裁机构或者人民法院可以委托本法第十九条规定的产品质量检验机构，对有关产品质量进行检验。

第四十九条 生产、销售不符合保障人体健康和人身、财产安全的国家标准、行业标准的产品的，责令停止生产、销售，没收违法生产、销售的产品，并处违法生产、销售产品（包括已售出和未售出的产品，下同）货值金额等值以上三倍以下的罚款；有违法所得的，并处没收违法所得；情节严重的，吊销营业执照；构成犯罪的，依法追究刑事责任。

第五十条 在产品中掺杂、掺假，以假充真，以次充好，或者以不合格产品冒充合格产品的，责令停止生产、销售，没收违法生产、销售的产品，并处违法生产、销售产品货值金额百分之五十以上三倍以下的罚款；有违法所得的，并处没收违法所得；情节严重的，吊销营业执照；构成犯罪的，依法追究刑事责任。

第五十一条 生产国家明令淘汰的产品的，销售国家明令淘汰并停止销售的产品的，责令停止生产、销售，没收违法生产、销售的产品，并处违法生产、销售产品货值金额等值以下的罚款；有违法所得的，并处没收违法所得；情节严重的，吊销营业执照。

第五十二条 销售失效、变质的产品的，责令停止销售，没收违法销售的产品，并处违法销售产品货值金额两倍以下的罚款；有违法所得的，并处没收违法所得；情节严重的，吊销营业执照；构成犯罪的，依法追究刑事责任。

第五十三条 伪造产品产地的，伪造或者冒用他人厂名、厂址的，伪造或者冒用认证标志等质量标志的，责令改正，没收违法生产、销售的产品，并处违法生产、销售产品货值金额等值以下的罚款；有违法所得的，并处没收违法所得；情节严重的，吊销营业执照。

第五十五条 销售者销售本法第四十九条至第五十三条规定禁止销售的产品，有充分证据证明其不知道该产品为禁止销售的产品并如实说明其进货来源的，可以从轻或者减轻处罚。

第五十六条 拒绝接受依法进行的产品质量监督检查的，给予警告，责令改正；拒不改正的，责令停业整顿；情节特别严重的，吊销营业执照。

第五十七条 产品质量检验机构、认证机构伪造检验结果或者出具虚假证明的，责令改正，对单位处五万元以上十万元以下的罚款，对直接负责的主管人员和其他直接责任人员处一万元以上五万元以下的罚款；有违法所得的，并处没收违法所得；情节严重的，取消其检验资格、认证资格；构成犯罪的，依法追究刑事责任。

产品质量检验机构、认证机构出具的检验结果或者证明不实，造成损失的，应当承担相应的赔偿责任；造成重大损失的，撤销其检验资格、认证资格。

第五十八条 社会团体、社会中介机构对产品质量作出承诺、保证，而该产品又不符合其承诺、保证的质量要求，给消费者造成损失的，与产品的生产者、销售者承担连带责任。

第五十九条 在广告中对产品质量做虚假宣传，欺骗和误导消费者的，依照《中华人民共和国广告法》的规定追究法律责任。

第六十一条　知道或者应当知道属于本法规定禁止生产、销售的产品而为其提供运输、保管、仓储等便利条件的，或者为以假充真的产品提供制假生产技术的，没收全部运输、保管、仓储或者提供制假生产技术的收入，并处违法收入百分之五十以上三倍以下的罚款；构成犯罪的，依法追究刑事责任。

第六十三条　隐匿、转移、变卖、损毁被市场监督管理部门查封、扣押的物品的，处被隐匿、转移、变卖、损毁物品货值金额等值以上三倍以下的罚款；有违法所得的，并处没收违法所得。

第六十四条　违反本法规定，应当承担民事赔偿责任和缴纳罚款、罚金，其财产不足以同时支付时，先承担民事赔偿责任。

# 参考文献

［1］江蓝生，谭景春，程荣．现代汉语词典：第 6 版［M］．北京：商务印书馆，2014．

［2］王艳茹，王兵．创业基础：第 1 版［M］．北京：北京师范大学出版社，2014 年．

［3］国务院关于推动创新创业高质量发展打造"双创"升级版的意见：国发〔2018〕32 号［EQ］．中央政府门户网站 *www. gov. cn*. 2018. 9. 26.

［4］汉语盘点 2018："奋""改革开放四十年"分列国内年度字词［EQ］．人民网，（2018－12－21）．

［5］姜彦福，张帏．创业管理学［M］．北京：清华大学出版社，2005．

［6］周永亮，孙虹钢，庞金玲．方太文化［M］．北京：机械工业出版社，2022．

［7］约翰．W．马林斯．创业测试——企业家及经理人在制订商业计划前应该做什么［M］．石建峰，译，北京：中国人民大学出版社，2004．

［8］李家华．创业基础：第 2 版［M］．北京：清华大学出版社，2016．

［9］张玉利，杨俊，任兵．社会资本、先前经验与创业机会——一个交互效应模型及其启示［J］．管理世界，2008（7）：91－102．

［10］Qian Haifeng，Haynes K E．Beyond innovation：The small business innovation research program as entrepreneurship policy［J］．Journal of Technology Transfer，2014，39（4）：524－543．

［11］Shariff M N M，Peou C，Ali J．Moderating effect of government policy on entrepreneurship and growth performance of small－medium enterprises in Cambodia［J］．International Journal of Business and Management Science，2010，3（1）：57－72．

［12］冯冰．政府引导基金投资对创业企业后续融资的影响研究［D］．西安理工大学，2016．

［13］程德理．技术创业与专利制度作用实证研究［J］．科学学研究，2019，37（1）：95－103．

［14］国务院印发《国家职业教育改革实施方案》［DB/OL］．国务院，（2019－02－13）．

［15］李良智，查伟晨，钟运动．创业管理学［M］．北京：中国社会科学出版社，2007．

［16］张玉利．创业管理（第二版）［M］．北京：机械工业出版社．2011．

［17］《中华人民共和国合伙企业法》，2007 年 6 月 1 日。

［18］许芳．大学生创新创业心理帮扶路径的研究报告——以安徽财经大学为例［J］．山西能源学院学报．2022，35（1）．